백만장자 연금술

백만장자 연금술

Millionaire Alchemy

김정수 지음

무(無)에서 유(有)를 만드는
16가지 레슨

중앙경제평론사

무(無)에서 유(有)를 만드는 비밀

세상 사람들 가운데 5%만 생각한다. 10%는 자신이 생각하고 있다고 생각한다.
나머지 85%는 죽기보다 생각하기를 더 싫어한다.　　　　　－ 토머스 에디슨

'아무것도 없는 것(無)에서부터 무엇인가를 만들어내는 것(有)'의 비밀에 대해 이야기해보려고 합니다. 예컨대 요즘 부쩍 많이 등장하는 '자수성가 부자'들도 무에서부터 유를 만들어낸 것이기에 관심이 있을 소재입니다. 그러면 재미있는 동화 이야기를 하면서 설명을 이어가겠습니다.

'마법의 돌멩이 수프'라는 프랑스의 옛이야기인데, 이 전설은 여러 가지가 존재하나 세 군인 버전이 잘 알려져 있습니다. 그들의 지혜로움으로 진짜 돌멩이를 이용한 수프가 만들어지고, 그 결과 냉랭했던 사람들의 마음을 녹여 넉넉하게 하는 줄거리는 이렇습니다.

전쟁이 끝나 집으로 돌아가던 배고프고 피곤에 찌든 세 명의 군인이 하룻밤 신세질 곳을 찾습니다. 마침 마을이 나타나 그곳에서 신세를 지기로 결정합니다. 하지만 사람들은 이들이 마을로 오는 것을 보고 음식을 숨기기에 바쁩니다. 그러고는 올해 농사를 망쳐 자신들도 굶어 죽을 처지라고 하소연을 늘어놓습니다.

이때 군인들은 자신에게는 마법의 돌멩이가 있어서 이 돌멩이로 맛있는 수프를 만들어줄 수 있다고 사람들에게 말을 건넵니다. 말로 그치지 않고 그들은 실제 돌멩이를 넣어 국을 끓이기 시작합니다. 그 모습을 보고 돌멩이 수프 맛이 궁금해진 마을 사람들이 하나둘 모여듭니다.

그렇게 모인 사람들에게 내용물이 마법의 돌멩이여서 지금도 충분히 맛이 있지만 양파를 조금만 넣으면 기가 막히게 맛이 있다고 언질을 줍니다. 그러자 양파를 숨기고 있던 농부가 궁금증에 양파를 가져옵니다. 그런 식으로 돌멩이 수프를 더 맛있게 만들 수 있는 재료 얘기가 나오면 사람들은 곧장 달려가 그것을 가져왔습니다.

처음에는 의심스럽게 지켜보던 마을 사람들이 이제는 자발적으로 양배추, 고기, 당근, 소금과 후추 등 군인들이 수프에 넣고 싶어 하는 것을 하나씩 들고 나타납니다. 결국 이들이 가져온 재료 덕에 맛있는 수프가 완성되어 갑니다. 돌멩이 몇 개로 부잣집 식탁에 오를 만한 맛있는 수프가 만들어진 것입니다.

마침내 수프가 완성되자 이렇게 말했습니다. "모두 한 그릇씩 드세요.

하지만 먼저 상을 차려야겠네요." 그러자 사람들은 커다란 식탁을 가져와 마을 광장에 펼쳐놓았고 광장 주변에는 횃불을 환하게 밝혔습니다. 사람들은 수프와 같이 먹으면 더 맛있을 음식들을 가져왔고, 식탁에는 금세 잔치 음식이 푸짐하게 차려졌습니다.

군인과 마을 사람들은 함께 식탁 주위에 둘러앉아 음식과 수프를 나누어 먹으며 즐겁게 보냅니다. 흥에 겨운 사람들은 와인을 가져왔고, 그들은 먹고 마시고 또 먹고 마셨습니다. 이렇게 밤이 깊두록 사람들은 즐겁게 춤추고 노래하며 모처럼 즐거운 저녁시간을 함께 보내게 됩니다.

밤이 깊어 잠자리까지 제공받은 군인들은 다음날 아침 마을 사람들의 배웅을 받으며 고향으로 향하는 길을 나섭니다. 군인들을 배웅하며 마을 사람들이 말합니다.

"정말 고마워요. 덕분에 아주 귀한 걸 배웠어요. 이제 우리에겐 배고플 일이 없을 거예요. 돌멩이 수프를 만들 줄 알게 되었으니까요."

사실 '마법의 돌멩이 수프' 이야기는 옛적 동화지만 그 교훈은 동화로 끝나는 것이 아닙니다. 비즈니스든, 정치든, 인간관계든, 세상의 어떤 일이든 무에서 유를 만들어내는 과정을 묘사한 것이라고 볼 수 있습니다. 그리고 세상을 바꾼 근원적인 원천은 상상에서부터 출발한다는 메시지입니다.

6

예컨대 스티브 잡스가 처음 스마트폰을 세상에 내놓을 때 그에게 는 변변한 기술이나 자본, 인력이 없었습니다. 그가 가진 유일한 것 은 스마트폰에 대한 개념과 이것이 실현되었을 때 변화될 세상에 대 한 믿음뿐이었습니다. 말하자면 그의 스마트폰에 대한 구상, 그리고 그 구상이 실현되었을 때의 세상의 변화가 돌멩이 수프를 시작할 수 있는 돌이었습니다.

스티브 잡스는 자기의 돌멩이 수프를 실현하기 위해 기술을 가진 사람들에게 이야기를 들려주었고, 자본을 가진 사람들과 세상을 바 꿀 기회를 찾는 사람들에게 설명해주었습니다. 그러면서 이들을 애 플이라는 협업의 장에 초대해 결국은 아이폰이라는 돌멩이 수프를 만들어내는 데 성공합니다.

당시에나 지금이나 애플의 제조기술 수준은 삼성전자에 못 미칩 니다. 그러나 스마트폰의 개념을 마법의 돌멩이로 사용해 특허로 묶 어놓고 자기들보다 훨씬 더 많은 스마트폰을 파는 삼성전자보다 더 많은 돈을 벌고 있습니다.

한 분의 스토리를 더 볼까요. 누구나 다 아는 얘기지만 현대그룹의 역사는 고 정주영 회장님이 시골집에서 소 판돈을 훔쳐서 나온 때 부터 시작되었지요. 말하자면 정 회장님이 세계적인 거대 기업을 만 들어낼 때의 밑천은 소 한 마리 값이었습니다. 물론 당시 소 한 마리

가격은 큰 금액일 수도 있으나 그 돈만으로는 엄청난 회사를 만들 수 없었습니다.

물론 정 회장님 말고도 소도둑들은 많습니다. 중요한 것은 그들이 전부 현대그룹 같은 대기업을 만든 것이 아니라는 점입니다. 오직 정주영 회장만이 소(돌멩이)를 이용해서 지금의 현대그룹이라는 돌멩이 수프를 완성해냅니다. 그야말로 무에서 유를 창조한 것이지요. 그렇습니다. 정 회장님이 명시적으로 얘기한 적은 없어도 현대그룹을 만들어가는 과정은 '돌멩이 수프 원리'와 정확하게 일치합니다.

이렇게 세상의 모든 원리는 자신의 제약 조건을 먼저 정해놓고 그 조건하에서만 자기가 가진 것을 동원하는 사람들에 의해서는 결코 제대로 만들어지지 않습니다. 세상을 바꾸는 본질적인 변화는 돌멩이 수프라는 자신만의 개념을 만들어낸 사람의 간절한 상상에서부터 출발합니다.

부연하자면 이렇습니다. '돌멩이 수프'를 만드는 데 꼭 '금수저'여야만 가능한 것이 아닙니다. 반드시 'SKY대'를 나와야 돌멩이 수프를 만드는 것 역시 아닙니다. 그래서 흙수저로부터 출발한 수많은 '자수성가 부자'들이 속속 탄생하고 있는 것입니다. 그들이 부자가 된 분야가 어떤 것이든 분명한 것은 '돌멩이 수프' 개념이 확실하게 정립되어 있다는 점입니다.

혹시 자수성가 부자를 원하시나요? 간절함 속에서 자기만의 개념을 만들어내고, 그것을 실현시켰을 때 만나게 될 세상에 대한 비전을 사람들에게 얘기할 수 있어야 합니다. 그리고 본인의 돌멩이 수프 이야기를 들려줌으로써 그들의 공감을 이끌어내는 과정을 통해 혁신이라는 결과는 만들어집니다. 그것을 '성공'이라고 부릅니다. 당연히 돈은 따라오고 부자가 되는 것입니다.

지금까지 본 돌멩이 수프나 스티브 잡스, 정주영 회장의 사례는 무에서 유를 창출하고자 하는 시도, 즉 연금술(鍊金術)과 맥이 닿습니다.

중세 서양에선 평범한 금속인 구리를 값비싼 금이나 은으로 바꾸고자 하는 연구가 성행했습니다. 또한 불로불사(不老不死)인 늙지 않고 오래 사는 약을 만들려고 시도했습니다. 그 결과 화학기술은 비약적인 발전을 하게 됩니다.

당시 연금술사들의 창의적인 노력과 시도, 그리고 도전정신은 면면히 이어져 현대 문명을 풍부하게 해주는 밑바탕이 됩니다.

이 책에서 얘기하려는 주제인 부자가 되는 것도 개념은 같습니다. 무에서 유를 창조하는 것이니 '돌멩이 수프'의 아이디어가 필요하고 그것을 찾아보고자 하는 것입니다.

우리 주위에는 부자가 되었다는 사람들의 얘기와 부자가 된다는 아이디어를 나열한 책들이 넘쳐납니다. 그러나 부자는 넘쳐나지 않습니다. 왜냐하면 진짜로 돈 많이 버는 사람들을 보면 그 방법이 천차만별이며 하나의 패턴으로 정리할 수 없기 때문입니다.

또한 인간의 본성이 이성적이지 않기 때문이기도 합니다. 사람은 어떤 일을 객관적으로 인식하고 확실한 증거에 기반해 논리적인 결정을 내리는 존재가 아닙니다. 예컨대 세상은 이성과 논리만으로는 풀 수 없는 문제로 가득합니다. 똑같은 사람이 하나도 없는 것처럼 단 하나의 해답만이 존재하는 문제 역시 없습니다.

더구나 그것이 부자가 되고 돈을 많이 버는 일이라면 더욱 그렇습니다. 예컨대 사람마다 입장이나 조건, 주어진 상황이 다릅니다. 그렇게 다양한 경우에도 해법을 찾는 마스터키는 있을 것이고, 이는 사람의 이해에서부터 출발해야 합니다. 즉, 탐욕과 공포, 손절 등 인간 욕망의 본질에 대한 고려가 선행되어야 하며 그 토대에 돈 버는 요령이나 기법 등이 따라와야 합니다.

이렇게 부자가 되는 길은 단 한 가지가 아니라 다양하며 고정된 것도, 논리적이지도 않습니다. 그것은 자기만의 해법을 위해서는 문제를 다른 방식으로 바라봐야 한다는 것을 의미합니다. 결국 이성과 논리의 바탕하에서 때로는 모든 것을 거꾸로 생각해볼 수도 있어야 하는데 바로 '연금술(Alchemy)의 원리'가 필요한 것입니다.

그런 이유이겠지만 실제 부자가 되었다고 해도 '이대로 하면 부자가 된다'는 그들의 주장을 보면 대부분 자신이 했던 방법대로만 하면 돈을 번다는 전제를 깔아놓습니다. 그러나 그 방법은 자기에게 맞는 것이지 다른 사람에게 똑같이 재연하는 것은 어렵습니다. 처한 상황과 조건이 다른데 같은 결과를 기대하는 것 자체가 허망하기 짝이 없는 것이지요.

결국 좋은 충고는 단지 참고사항일 뿐 누구에게나 통용되는 금과옥조가 될 수는 없습니다. 이는 바로 증명됩니다. 이미 돈을 벌었다는 사람들의 좋은 얘기를 듣고, 또 틀림없이 부자가 된다는 그 많은 책들을 열심히 읽었으나 동일하게 부자가 되었다는 사람들이 나오지 않는 이유가 바로 그것입니다.

멋진 강연을 듣고 좋은 책을 읽는 것은 좋으나 그 자체만으로 성취를 이루는 것이 아니라는 반증이지요. 그렇기에 이 책 역시 읽기만 하면 누구나 부자가 된다는 약속을 드릴 수는 없습니다. 다만 자세히 읽다 보면 누구든 무(無)에서 유(有)를 만들기 위한 돌멩이 수프에 대한 아이디어를 얻을 수 있을 것입니다.

그럼 독자 제현 모두 자신만의 마법의 돌멩이를 찾아 백만장자가 되는 기분 좋은 여행을 떠나보시기 바랍니다.

김정수

차례

 1장

무(無)에서 유(有)를 창조하는 시대

창직(創職)의 핫스폿을 잡아라

2장

꿈의 격차에서
부(富)의 격차가 온다

1장

무(無)에서
유(有)를
창조하는 시대

"인생의 목표는 두 가지가 있다.

첫째는 원하는 것을 얻는 것이고,

그 후에는 그것을 즐기는 것이다.

지혜로운 사람만이 두 번째 목표를 달성한다."

포모
(FOMO, 나만 빼고 다 잘살아)

연금술사 반갑습니다! 비교적 젊은 나이에 부자가 되어 원하는 일을 하면서 누구나 꿈꾸는 생활을 즐기고 계시는군요. 일과 삶에서 자유로운 파이어(FIRE)족을 이뤘다고 할 수 있겠네요.

흔히 '사람의 한평생은 돈을 벌기 위해 보내고 나머지 생은 그 돈을 쓰기 위해 보낸다'고 하지요. 그러나 돈과 시간이 동시에 있음으로써 자유가 있는 삶을 사는 사람은 흔치 않지요. 그럼에도 누구나 그것을 꿈꾸지요. 새로운 가설과 수단이 필요하다는 의미가 되는데 그 얘기를 나눠보려고 합니다.

오면서 보니 이곳의 뷰가 아주 인상적이더군요. 앞에는 강이 흐르고 왼편으로는 공원이 자리하고 있더라고요. 사실 경제적인 능력이 뒷받침되고 여건이 되기만 한다면 멋진 환경에서 좋아하는 책을 읽고 취미활동을 하며 여유있게 보내는 삶은 모두가 원하지요. 그래서 노력하는 거고요.

누구나 유토피아를 꿈꾸지만 현실은 녹록지 않습니다. 인생은 공평하지 않고 불평등을 전제로 이 세상은 진화한다는 것을 이해하는 하지만 그럼에도 지금, 이 시대 보통 사람들은 참 어려운 세상을 살아가고 있습니다. 그 힘든 이유는 주로 재정적인 것, 즉 돈 문제로 귀결되지요.

런던의 한 일간지가 돈에 대한 가장 적합한 정의가 무엇인가를 놓고 공모전을 열었는데, 1등상은 다음과 같은 정의를 내린 사람에게 돌아갔습니다.

"돈은 행복만 빼고는 무엇이나 다 살 수 있는 수단이며, 하늘나라만 빼고는 어디나 갈 수 있는 차표를 구입할 수 있는 수단이다."

1등상의 표현대로라면 삶의 목적이 행복이라고 할 때 역설적으로 돈으로도 가장 중요한 것은 할 수 없다는 의미가 될 수도 있겠군요. 그렇지만 돈이 불행을 어느 정도 막아줄 수가 있다는 것은 정설이니 행복도 결국 돈이 있느냐, 없느냐에 영향을 받게 되는 것이지요.

어쨌든 무턱대고 노력한다고 해서 부자가 되는 시대가 아닌 것은 분명하나, 최근의 세태를 보면 노력하긴 싫은데 성공은 하고 싶어 하지요. 젊은 사람들과 얘기하다 보면 '적게 일하고, 많이 벌며, 펑펑 쓸 정도로 돈이 많았으면 좋겠다' 라고 합니다. 정리해보면 '적은 노력 내지 무노동, 많은 재산, 신나는 소비생활' 등을 원하는 것이지요. 어찌 보면 인간의 솔직한 욕망이지요.

그러는 한편 요즘에는 포모(FOMO : Fear Of Missing Out, 나만 빼고 다 잘살아) 증후군이 어느 때보다 극심해진 것 같습니다. '나만 뒤처지는 건 아닌가'라는 공포를 내포한 말이죠. 그러다 보니 '이생망', 즉 '이번 생은 망했다'는 사람들도 늘어나는 현실이지요. 이런 세태를 반영하듯 자기는 도저히 '10억이나 100억을 벌긴 글렀다'고 미리 자포자기하는 사람들도 있습니다. 그런 와중에도 '어쩌면 방법이 있을지도 모른다'는 생각으로 '내 힘으로 10억을 모으겠다고 다짐하는 사람'들 역시 많습니다.

현재 자신의 상황이 어떻든 후자, 즉 '내 힘으로 돈을 벌고 큰 부를 이루겠다'는 분들에게 조금이라도 도움을 줄 수 있다면 뜻있는 일이 아니겠습니까? 이러한 때 수중에 가진 것 없이 자수성가로 이미 큰 부자가 되신 분으로서 요즘 세태에 대해 어떻게 생각하시는지요?

백만장자 시작하기 전에 '꿈을 꾸는 것은 누구나 가능하지만 꿈이 현실이 되려면 상응하는 노력, 실천하는 행동이 필요하다'는 말을 전제하면서 얘기를 하는 것이 순서겠네요. 인생은 영화나 동화가 아니에요. 항상 해피엔딩으로 끝나지는 않지요.

예전에는 당연시되던 것들, 예컨대 노력에 따른 보상과 인정이 보장되지 않는 시대에 우리는 살고 있지요. 제 말을 오해하지 마세요. 지금은 무턱대고 노력만 해서는 성공할 확률이 갈수록 희박해지고 있다는 의미지요. 물론 열심히 해야 하는 것은 맞지만 방법이 달라야 하지요.

지금이야 먼 옛날의 얘기처럼 들리지만 얼마 전까지만 해도 가장(家長) 한 명이 경제생활을 하면 웬만큼 자녀들 교육시키고, 집 장만하고 중산층의 생활을 할 수도 있었는데 이제는 어림도 없는 세상이지요. 다 아시는 것처럼 집값이나 교육비를 감당하기 힘든 세상이 된 것입니다.

그 결과 'N잡러', 즉 '여러 직업을 가진 사람'이라는 말은 누구나 비판 없이 받아들이는 용어가 되었지요. 말하자면 지금은 어떻게 해서든 '수입 루트를 다변화'해야 하는 시기가 되었고, 이런 현상이 '코로나 팬데믹'으로 더 앞당겨지는 현실을 목도하고 있지요. 또한 이것은 부자는 더 부자가 되고, 힘든 사람은 더 힘들어지는 양극화 심화의 시대를 살고 있다는 다른 설명이죠.

최근(2022년 5월)에 미국 CNBC 방송은 전 세계적으로 30시간에 1명씩 새 억만장자가 나오는 한편, 극빈층은 천문학적으로 늘어나고 있다는 보도를 하더군요. 방송 분석에 따르면 다른 이유도 있겠으나 특히 코로나 팬데믹으로 인해 경제적 불평등이 극도로 심화한 탓이라고 지적합니다.

국제구호개발기구 옥스팜은 매년 불평등에 관한 보고서를 발표해왔는데, 앞서의 발표는 올해 세계경제포럼(다보스 포럼)에 맞춰 〈고통으로 얻는 이익〉이라는 보고서에서 주장한 내용이죠. 보고서에 의하면 2년간 불어난 억만장자의 자산이 과거 23년간의 증가분보다 많으며, 특히 원자재 가격 상승의 여파로 식품·에너지 부문이 돈을 쓸어 담았다고 하지요.

반면에 빈곤층의 상황은 크게 악화되었지요. 옥스팜은 코로나 팬데믹으로 인한 불평등과 러시아의 우크라이나 침공에 따른 식품 가격 급등으로 1년간 2억 6,300만 명이 극빈층으로 전락했을 것으로 추산하더군요. 33시간마다 100만 명이 극빈층으로 전락하는 셈이지요.

말씀드리려는 요지는 우리가 살고 있는 사회 시스템을 거부할 용기가 없다면 자본주의가 갖고 있는 장단점을 충분히 이해하고, 그 이해를 기반으로 자산을 키우려고 노력해야 한다는 것입니다. 양극화 현상을 피할 수는 없으니 스스로의 노력으로 상승 사다리를 올라야 한다는 것이지요.

흔히 노력하긴 싫은데 성공은 하고 싶다고 말하지요. 이를 나무랄 생각은 없으나 노력하는 게 싫은 이유로 말하는 '노력해봐야 별다른 성과가 없으니까'라는 생각이라면 그것을 마음속에서 지워야 합니다. 아무 일도 하지 않으면 아무 일도 일어나지 않습니다. 하지만 무언가를 하면 어떤 일인가가 일어납니다.

다행스럽게도 지금 시대의 경제활동은 성별, 나이, 직장인이나 자영업자, 출퇴근과 근무시간, 격지간 등 시공을 초월하여 돈을 벌 수 있는 시대지요. 열심히 살아서 부자가 되는 세상이 아니라 남다르게 생각하고 남과 다르게 일해야 성공하고 부자가 될 수 있는 시대가 되었다는 것입니다. 이런 때에는 부자들이 말하지 않는 부자의 생각을 훔쳐서 그들처럼 해야 합니다.

부자들에게서 훔친 것에 자기의 생각과 노력을 보태 더 중요하고 더 효율적인 시스템을 만들어 돈을 벌어야 합니다. 인생에는 돈보다 중요한 것도 많고 돈이 인생의 목적은 아니겠지만 어쩔 수 없습니다. 인정하기 싫다고 해도 사회라는 시스템, 더 나아가 공동체 속에서 살아가는 한 돈 자체가 모든 것을 해줄 수는 없겠지만, 많은 것을 해결해주는 것은 사실이니까요.

누구나
'자신의 유토피아'를 꿈꾼다

"인생의 목표는 두 가지가 있다. 첫째는 원하는 것을 얻는 것이고,
그 후에는 그것을 즐기는 것이다. 지혜로운 사람만이 두 번째 목표를 달성한다."

미래는 누구에게나 풀어야 할 문제이면서 풀기 어려운 숙제이다. 불확실한 내일이 걱정인 것이다. 사람은 오늘보다 더 나은 내일에의 희망으로 살아가야 하지만 우리의 현실은 그런 장밋빛 내일이 별로 느껴지지 않는다. 그런 한편으로 '미래'라는 것은 아주 멀리 있어서 쉽게 오지 않고, 또 나하고는 상관이 없을 것으로 생각한다. 그래서 '오래된 미래'라는 모순적인 표현이 성립하는 것이다.

그렇지만 오랜 시간이 필요한 듯 보이던 미래는 어느 사이에 우리 생활 가까이, 아주 깊숙이 다가와 있음을 목격하곤 한다. 그리고 대개의 경우 자기의 기대와는 다른 미래에 와 있음을 알고는 실망하기도 하고 좌절하기도 한다. 그렇다면 멋진 미래, 내가 꿈꾸는 밝은 미래는 정말 힘든 것일까?

사람은 누구나 앞에 인용된 로건 피어설 스미스(L.P. Smith)의 말처럼 목표를 달성하고 즐기는 삶을 살아가고자 한다. 그것이 무엇이든 원하는 것을 얻고, 원하는 것을 얻었다면 향유하고 즐기고자 하는 것이다. 그러나 두 번째 목표는 고사하고 첫 번째, 즉 원하는 것을 얻는 것도 벅찬 것이 보통 사람의 삶이다.

현실의 삶이 힘들수록 꾸는 꿈은 달콤하다고나 할까. 그 증거까지는 아니라도 사람은 정도의 차이가 있을 뿐 누구나 '유토피아 신드롬'을 가지고 있다. 유토피아(Utopia)라는 멋진 용어는 영국의 토머스 모어가 쓴 동명의 소설에 등장한다. 이것은 그리스어 ou(아니다)와 topos(장소)의 두 단어를 조합해서 만든 신조어로서 그 의미는 '이상향(理想鄕)'을 뜻한다.

뜻 그대로 유토피아는 '이 세상 어디에도 존재하지 않지만 언젠가는 이루어지기를 희망하는 이상적인 나라'를 가리킨다. 이런 바탕하에서 등장한 '유토피아 신드롬'은 현실을 뛰어넘어 높은 이상을 추구하는 것을 의미한다. 이런 이상향에의 추구는 인간이기에 당연하기도 하고 탓할 일도 아니며, 누구나 꿈꿀 수 있는 권리이기도 하다.

그렇게 의미적으로 보면 좋은 말인데도 현실에서는 약간 냉소적으로 쓰이는 경향이 있다. 예컨대 원하는 정도의 성공이 불가능하다는 사실을 인정하려 하지 않거나, 인정하지 못해 집요하게 붙들고 늘어진다는 숨은 의미를 내포하고 있다.

그렇지만 능력도, 계획도, 상응하는 노력도 없이 높은 목표만 세워놓고 스스로 좌절에 빠지는 사람들, 불가능한 목표를 설정해 놓고 구체적인 계획도 없이 목표만 달성하라고 다그치는 리더들, 그리고 전혀 실현 가능성이 없는 이상주의에 빠져 국민들에게 짐만 지우는 무능한 정치인 등이 문제이지 '유토피아 신드롬'이라는 말 자체는 꿈을 불러일으키는 멋진 용어인 것이다.

토머스 모어가 꿈꾼 유토피아가 탄생한 계기는 16세기 당시 영국의 어렵고 힘든 삶에서부터 기인했다. 그런 절박한 시대 상황이므로 뭔가 위안을 찾아 이상향을 찾는 것은 당연해 보이기도 하고 이해도 된다. 그 뒤 시대는 달라도 이상향을 꿈꾼다는 것은 그 당시가 행복하지 않기 때문이다.

엄청난 기술의 발전과 코로나 팬데믹으로 야기된 부익부빈익빈의 양극화에 시달리는 작금의 사회를 제러미 리프킨 같은 학자는 '부자들은 풍요의 질병으로, 빈자들은 가난의 질병으로 신음하는 시대'라고 진단한다. 그러면서 현안 문제의 해결은 관(官)이 아닌 민간(사회적 공동체)에 있다고 덧붙인다. 이런 언급을 학자의 의견으로 치부할 수도 있겠지만 빈자들이 신음하는 시대라고 하니 어쨌든 사람들이 별로 행복하지 않다는 것을 우회적으로 평가하는 것이다.

지금 우리의 현실이 어렵고 힘든 시기라는 것을 강조하려고 이런 비유로 책을 시작하는 것은 아니다. 현실을 어떻게 받아들이든 누구나 유토피아 신드롬을 가질 수 있다. 그러나 지금 같은 변혁의 시대, 쉽지 않은 현실 속에서 모두가 한목소리로 혁신해야 하고, 변해야 한다고 부르짖지만 자기가 먼저 변하려고 하지는 않는다.

　스스로 변화하지 않은 결과는 타의에 의해 변화되어야 하는 처지에 내몰리고, 그런 사실을 인지했을 때는 너무 멀리 떨어져 있는 자신의 모습에 자괴감을 느끼기도 한다. 이렇게 변해야 할 때 변화하지 못하고, 타의에 의해 변화를 당했을 때의 결과는 생각보다도 훨씬 뒤처진다. 어찌 보면 이런 부분 때문에 인생이 어렵다.

　더욱 악성인 것은 그 변화가 자기의 삶에 지대한 영향을 미치게 될 터인데도 그런 사실을 잘 모르거나 혹은 당연한 듯 받아들이고 있는 것이다. 이렇게 변화는 언제나 갑작스럽게 다가오는 것 같지만 지나고 보면 우리가 인식하지 못했을 뿐 그 변화의 조짐은 이미 시작되고 있었던 것이다.

　지금과 같은 급변의 시기에는 스스로의 미래를 제대로 설계하는 것이 무엇보다 중요하다. 멋진 미래를 위한 통찰력에 귀와 눈을 열어야 한다. 그래야 로건 피어설 스미스가 말한 지혜로운 사람이 되어 인간이 추구하는 목표에 다가갈 수 있는 것이다.

사다리 걷어차기, 기울어진 운동장

현재 대한민국 공동체의 문제점은 무엇일까? 무엇이 문제이기에 사람들이 정말 살기 힘들 때에나 등장한다는 '유토피아 신드롬'이 회자될까? 그러면 이쯤에서 현재 우리를 힘들게 하는 이유들을 살펴보자.

작금의 우리나라 모든 문제의 근원은 성장 모델의 변화로부터 기인한다. 예컨대 한국은 고도성장의 성장형 모델, 즉 1960년대 초에서부터 시작된 약 60여 년의 팽창 모드를 지나 몇 년 전부터는 이전과는 달리 저성장의 수축형 모드로 빠르게 진행되고 있다.

물론 이것이 모든 문제의 근원이라고 할 수는 없겠으나 예전에 겪어보지 못한 역피라미드 형태의 인구 구조, 이른바 인구 급감에 따른 수요 감소와 생산성 향상에 따른 공급 과잉을 바탕에 놓고 수축 지향 사회가 진행되고 있는 것이다. 이로 인해 누구나 수긍하게 되는 다음과 같은 몇 가지 근본적인 현상들이 등장하고 있다.

첫째, '승자독식의 1등주의'를 들 수 있다.

이것은 치열한 경쟁의 산물로써 어느 순간 우리 사회를 대표하는 상징 내지는 키워드로 자리잡았다. 물론 사회 시스템상 치열한 경쟁은 있을 수 있으나 너무 지나치다는 것이 문제다. 구조적으로 효율성 제고와 성과 창출 우선이라는 분위기 속에서 파생된 것이지만 정도가 심해짐으로써 공동체의 가치마저도 훼손되고 있다.

둘째, '사다리 걷어차기'를 들 수 있다.

안정되고 풍요로운 삶을 누리는 일은 누구에게나 가능해야 하나 안타깝게도 우리 사회에서는 '누구나'가 아닌 바늘구멍을 통과한 사람들에게만 주어지는 특권이 되었다. 이는 여러 형태로 분화되면서 많은 문제를 야기하고 있다. 그리고 더 큰 문제는 특권이 된 그곳으로 오르는 사다리는 이미 걷어차여진 지 오래다. 꿈의 좌절은 결국 사람들을 좌절하게 만드는 것이다.

셋째, '기울어진 운동장 현상'을 들 수 있다.

사회생활 시작부터 공정한 경쟁이 되어야 할 게임의 룰은 부의 대물림을 통해 가장 중요한 학력과 일자리 부분에서조차 이미 한쪽으로 심하게 기울어져 버렸다. 자신의 의지로 부모와 환경을 선택할 수 없음에도 극소수를 제외한 대다수는 힘들고 어려운 스타트 라인에 설 수밖에 없다. 그 결과는 평범한 삶조차 목숨 걸고 도전해서 얻어야 하는 무한경쟁 사회의 정글로 변한 것이다.

이런 몇 가지 이유로 현재 대한민국은 스스로를 '오징어 게임'의 무대쯤으로 인식하는 지경이 되었다. 이런 사례들로 확인해 보면 어떻게 설명해도 우리 사회의 비극과 부조리의 근본에는 부의 편중, 극심한 경제적 불평등, 게임의 룰의 불공정 등이 자리잡고 있는 것이다.

이런 불평등의 기저에는 우선 국가 권력의 오용 내지 남용이 있다. 우리가 숱하게 목도(目睹)하고 있듯이 권력이 공공성을 상실한 극소수 기득권층의 사익을 얻는 수단으로 타락해버린 것에 근본 원인이 있다. 또한 이미 가질 만큼 가진 기득권층이 자신들의 사적 이익을 공익이나 국익으로 위장, 은폐하면서 탐욕을 부리는 것도 한몫한다. 조금이라도 더 가지겠다고 상습적인 거짓말로 공동체를 어렵게 하고 있는 것이 쉽게 목격된다.

걱정스러운 것은 이런 불평등한 사회는 자율성을 잃어버리고 국가의 통제가 개입하지 않고는 하루도 유지될 수 없는 야만적인 사회로 전락될 수 있다는 점이다. 요즈음 주변에서 일어나는 각종 사건 사고들을 보면 걱정의 수준이 기우를 넘어서고 있다.

더 큰 문제는 이런 경제적 불평등의 결과는 부자든, 가난한 사람이든 모두가 망한다는 것, 즉 어느 순간 공멸을 부를 수 있다는 것이다. 이를 벗어나려면 공공성과 공동선 정신이 제대로 공유되고 실현될 때 공동체의 희망이라는 형태로 되살아날 수 있다.

사실 자본주의 사회에서 경제적 평등은 하나의 몽상일 수 있다. 그 말은 어느 정도의 불평등은 용인될 수 있다는 것이다. 그러나 용인할 수 있는 범위를 넘어 경제적 불평등이 극심할 경우, 사회 구성원 다수에게 '자유로운 삶'이 허용되지 않는다는 것이 문제이다.

앞에서 우리나라 모든 문제의 근원은 '성장 모델의 변화'로부터 기인한다고 언급했다. 구체적으로는 고도성장 시대의 모델, 즉 성장 지향의 팽창 모드를 거쳐 저성장의 수축형 모드로 빠르게 진행되고 있다고 분석했다. 결국 공급은 과잉되었으나 모든 사회 시스템은 수축지향으로 진행되고 있는 것이다.

팽창기, 즉 고도 성장기에는 무엇을 하든 약간의 노력과 약간의 자본만으로도 돈을 벌 수 있었다. 그러나 인구 감소와 로봇기계의 투입, AI와 4차 산업혁명에 따른 공급 과잉과 수요 감소는 누가 시키지 않아도 치열한 경쟁관계로 내몰리는 환경을 만든 것이다. 주목할 점은 이런 발전된 첨단 사회로의 진전에서 개인은 거친 생존경쟁에 내던져질 수밖에 없다는 것이다.

이 책의 처음 집필 의도는 거대 담론도, 거시적인 전망도 아니었다. 범위를 좁혀 개인의 삶에 대한 것, 특히 '어떻게 하면 풍요로운 개인의 삶에 도움을 줄 수 있을까?'에서 출발했다. 그럼에도 불구하고 서두 부분에서부터 집필 원칙에서 약간 벗어난 듯한 이야기로 진행하는 것은 앞으로의 논의에 이론적인 배경이 되기 때문이다.

인간에게는 얼마나 많은 정보가 필요할까?

우울한 현실을 반영하듯 최근에는 '번아웃(burnout) 증후군'을 호소하는 사람들이 많이 늘고 있다는 얘기가 들린다. 이는 일에 지나치게 몰두해 정신적 에너지가 바닥나는 현상을 말하는 것으로, 극도의 신체적, 정서적 피로로 인해 무기력증, 자기혐오, 직무 거부 등을 수반한다. 정신건강에 대한 경고음인 것이다.

일반적으로 번아웃 증후군은 과도한 경쟁사회에서 완벽함을 강요받으면서 만들어지는 강박과 초조함과 같은 부정적인 정서로 인해 발생한다. 바꿔 얘기해서 계속되는 경쟁 및 스트레스 속에서 현실에 안주할 수밖에 없는 상황 등이 영향을 미쳤을 수 있다. 결국 이 같은 행동의 이면에는 불안과 결핍이 자리잡고 있는 것이다.

부연설명 필요 없이 사람은 누구나 행복한 미래를 꿈꾸고 성취감을 누리고 싶은 욕망이 있다. 칙칙한 삶을 원하는 사람이 누가 있겠는가? 그러나 지금과 같은 미래에 대한 희망이 보이지 않을 때 주저앉고, 퍼지게 되는 것은 어쩔 수 없는 수순이다. 그러므로 안정적인 미래 준비와 어려운 상황의 적절한 통제가 관건인 것이다.

현재 우리의 좌표는 코로나19와 4차 산업혁명으로 촉발되는 산업 생태계의 큰 변화와 함께 글로벌의 핫이슈인 미·중의 패권 경쟁 등에 큰 영향을 받고 있다. 사실 패권 대결의 본질은 글로벌 공급망 재편이다. 과거에는 임금이 저렴한 곳, 말하자면 비용의 우위에 따라 생산기지를 옮겼으나 지금은 생산 자동화, 3D 프린터, AI 등으로 저렴한 임금의 중요성이 감소하고 있다.

돌발변수로써 러시아의 우크라이나 침공으로 인한 혼란도 있으나 더 근본적으로는 코로나19와 미·중의 경쟁으로 인해 국제원자재의 가격 상승과 글로벌 공급망에 심대한 차질이 원인이다. 그 결과로 신뢰할 수 있고 안정적인 공급망의 중요성이 강조되고 있다. 말하자면 비용이 조금 더 들더라도 내 나라, 내 이웃, 나의 근처에서 생산을 해야 하는 것이다.

그런 영향으로 과거에는 중국이나 동남아로 나갔던 생산기지가 지금은 외려 한국으로 돌아오고 있다. 예전에는 별로 예측하지 않았던 현상들이 나타나고 있는 것이다. 바람직한 것은 이렇게 전 세계적으로 공급망이 재편되면서 이에 잘만 편승하면 부(富)를 잡을 수 있는 기회도 늘어난다는 시그널이다.

우리는 지금 예전에는 전문가 영역이었던 부분을 인터넷과 모바일이라는 정보 도구를 통해 세상의 흐름을 실시간으로 확인할 수 있고, 맘만 먹으면 누구나 지구촌의 움직임을 파악할 수 있는 시대에 살고 있다. 그 결과 약간의 관심과 센스를 발휘하면 현재의 지구촌이 대변혁의 과정으로 진입하고 있다는 신호를 감지할 수 있는 한복판에 서 있는 것이다.

이런 견지에서 보면 인터넷과 모바일 혁명, 그리고 필요한 모든 정보를 즉각 제공하는 도구의 등장은 인류 역사의 큰 물줄기를 바꾼 사건임에 틀림없다. 그러나 정작 먹고 사는 것, 즉 생존에 바쁜 대부분의 사람들이 이런 거시적인 문제에 접근하는 것은 쉽지 않다.

대다수 생업에 바쁜 사람들에게 지구촌이 새롭게 포지셔닝한다는 대변혁의 흐름은 크게 와닿지 않는다. 오히려 그런 대변혁의 흐름을 이용해 자신의 삶을 향상시키는 문제에 더 관심이 있다.

조금 더 나아가 '정보 부자·정보 거지'로 통칭되는 이 시대에 도대체 인간이 살아가는 데에는 얼마나 많은 정보가 필요한 것일까?

학자들의 주장에 따르면 인간은 평생 1만 5천여 분량 정도의 정보를 알고 있으면 살아가는 데 큰 지장이 없다고 한다. 그리고 그중 절반 정도인 7천~8천여 개 정도는 이미 취학 전후에 습득한다는 것이다. 그러니까 잘 알려진 격언을 응용해 보면 이런 말이 된다.

"세상을 살아가는 데 필요한 것은 이미 유치원에서 다 배웠다."

그러는 한편에서는 '유치원 애들도 아는 것을 잘 지키기만 하면 이 세상이 이렇게 어렵지 않을 텐데, 80세 노인이 되어도 잘 지키지를 못하기 때문에 세상이 어지럽다'고 탄식하기도 한다. 예컨대 '정직하고 착하게 살아라. 공중도덕과 질서를 잘 지켜라' 등을 지키면 세상이 어지럽지 않을 것이다.

그렇다. 우리는 인식하든 안 하든 성공을 하고, 부자가 되는 것은 말할 것도 없고, 지금 같은 난세를 어떻게 살아야 하는지와 어떻게 어려움을 헤쳐 나가야 하는지에 대해 이미 많은 정보를 가지고 있다.

그렇지만 뭔가를 아는 것이 중요한 것이 아니라, 실행하고 실천하는 것이 중요하다. 결국 우리 앞에 놓여진 과제는 우리가 아는 것을 어떻게 적용하고, 조합하고, 응용해야 하는지에 대해 지혜를 발휘하는 것이다. 이 부분이 잘 안 되기에 세상이 어지러운 것이다.

마태효과는 현실이 되고 있다

인류를 공포 속으로 몰아갔던 코로나19도 오미크론의 등장으로 팬데믹의 종착역에 다다르고 있다는 전망이다. 2022년 새해가 시작되면서 많은 전문가들이 '전파력이 높고 중증도가 낮은 변이가 다른 변이를 대체하면 긍정적인 결과를 낼 것'이라는 소식을 전하곤 했는데, 그런 예측대로 확산이 잠잠해지는 분위기에서 코로나19의 소멸, 즉 엔데믹을 말하는 사람들이 늘고 있다.

결국 '오미크론은 잠깐 지나가는 홍수'라는 것인데 이는 코로나19에 지친 사람들에게 반가운 소식임이 분명하다. 이런 반가움 속에 많은 전문가들은 이번의 대재앙이 끝나면 세상은 이전과는 비교가 안 되게 재편될 것이라고 한다. 아니, 이미 많이 재편되었고 지금도 바뀌고 있다. 우선 근무 형태의 변화를 예로 들어보자.

코로나 팬데믹 이후 재택근무제는 일상으로 자리잡았다. 재택근무 100만 명 시대가 열렸으며, 시행기업의 75% 정도가 '팬데믹 종식 후에도 현 상태를 유지하겠다'고 한다. 또한 이런 환경에 발맞춰서 젊은층의 부업 병행 붐은 'N잡러 시대'를 촉진하고 있다.

이 부분을 더 알아보면 한국경영자총협회가 매출액 상위 100대 기업을 대상으로 2020년 9월 조사한 결과에 의하면 코로나19 이후 재택근무를 실시한 기업은 91.5%에 달했다.

2021년 통계청 조사에서도 재택근무자는 처음으로 100만 명을 넘었다. 이런 근무 형태는 기업의 사옥 운영과 조직문화, 부동산 지형, 나아가 도시와 노동구조의 변화에도 큰 영향을 미치고 있다. 이런 조사로 보면 '포스트 코로나 시대'에도 재택근무는 이전으로 돌아가는 것이 아니라 하나의 근무 형태로 이어질 가능성이 높다.

이런 현상을 반영하듯 고용노동부 〈2021년 고용영향평가 보고서〉에 따르면 재택근무를 실시하고 있는 620개 기업 중 75.2%가 코로나19 종식 이후에도 재택근무를 계속 시행할 것이라고 답했다. 재택근무에 아주 긍정적이라는 얘긴데 그건 왜 그럴까?

예컨대 '현재 수준으로 계속 시행하겠다'라고 답한 기업 중에서 절반 이상(53.6%)은 생산성 측면에서 사무실에서 근무하는 것에 큰 차이가 없다고 밝혔다. 재택근무가 비효율적일 것이라는 편견과 달리 예상보다 잘 작동하고 있다는 것이다. 말하자면 효율성 면에서 재택근무가 비교적 '호평'을 받는다는 데이터는 포스트 코로나 시대에 이런 근무 형태가 '뉴노멀(New normal)'로 작동한다는 의미가 된다.

그렇다! 이런 뉴노멀의 작동은 우리가 지금까지 고수해 왔던 기존의 모든 생존경쟁 원칙은 무너지고 야심차게 준비해 오고 있는 4차 산업 전략마저도 무력화되고 있다. 그렇다면 이런 시대에 맞춰 모든 것을 근본적으로 바꿔야 한다는 주장, 즉 '그레이트 리셋(Great Reset)'이 그리 어색하지도 않다.

이런 변혁의 시대를 맞아 '나는 무엇을 어떻게 해야 제대로 살 수 있고, 꿈을 이루는 삶을 살 수 있는지, 더 나아가 나의 안전은 어떻게 되는지' 등의 화두 앞에서 지구촌 모든 사람들이 불안과 두려움에 빠져들고 있는 것이 작금의 상황이다.

물론 불안한 시기와 힘든 상황은 이전에도 항상 있어 왔다. 그렇지만 설상가상으로 예기치 않게 등장한 코로나 팬데믹으로 인해 앞이 보이지 않는 시계 제로가 된 것이다. 빈부 격차를 심화시킴으로써 전 세계적으로 양극화 문제가 더욱 심각해지는 한편으로 바로 그 코로나19로 인한 수많은 사람들의 신음 속에서 천문학적 이익을 본 기업가, 투자자도 많이 등장했다.

그 결과 부자는 더욱 부자가 되고, 가난한 사람은 더욱 가난해지는 현상, 이른바 '마태효과(Matthew effect)'는 더 극적으로 실현되고 있다. 마태효과는 마태복음 25장에 있는 내용을 토대로 하버드대학교 로버트 밀튼 박사가 주장한 것인데, 이는 '있는 자는 받아 더 풍족하게 되고, 없는 자는 있는 것까지 빼앗기리라'라는 의미이다.

정리하자면 마태효과 원리는 개인이나 집단이 성공하고 앞서 나가면 장점과 강점이 점점 더 쌓인다는 것이다. 그렇게 되면 더 크게 성공·발전하며 더 많은 기회를 얻는다는 설명이다. 즉, 제대로 하면 성공은 더 큰 성공을 낳는다는 것이다. 결국 가진 자는 더 많이 갖게 되고, 없는 자는 점점 더 가난해질 수밖에 없는 부익부빈익빈 현상을 심화시킨다는 것이 마태효과이다.

이는 꼭 경제뿐만이 아니라 소득 양극화, 빈곤의 악순환, 정보와 실력의 격차, 지식과 교육 격차, 그리고 선진국과 후진국의 차이에 이르기까지 다양하게 적용되는 원리이다. 그리고 이런 마태효과의 원리로 부자가 되고자 하는 사람이 더 풍족하게 되었으면 하는 바람이 바로 이 책이 추구하는 가치이다.

유토피아 신드롬

 인생이 공평하지 않다는 점은 의심의 여지가 없지요. 기실 불평등은 인간 사회에서 너무나 자연스러운 것입니다. 실제로 사회의 '진화 법칙'은 불평등을 전제로 하는 것 같습니다. 지금처럼 불평등이 심화되고 현실이 힘들수록 꾸는 꿈은 달콤하지요. 시대를 불문하고 사람들은 삶이 힘들고 어려울수록 유토피아(Utopia)라는 꿈을 꿉니다.

유토피아, 즉 '이상향(理想鄕)'을 의미하는 이 멋진 용어는 영국의 토머스 모어가 쓴 동명의 소설에 등장하지요. 그러나 그 좋은 의미에도 불구하고 이 말이 회자될 때는 살기가 힘들 때였지요. 이 소설이 나올 당시의 영국도 사람들의 삶이 힘들고 괴로울 때였지요. 희망이 없으므로 상상 속에서 유토피아를 꿈꾸는 것이라고 할까요.

흔히 '돈이 인생의 전부는 아니다'라고 합니다. 맞는 말입니다. 그러나 이 말은 돈이 있는 사람이 할 수 있는 말입니다. 돈 없는 사람이 그렇게 말하면 교만이고 위선이기 쉽습니다. 특히 경제적으로 자립하지 못한 젊은 세대가 이런 이야기를 하는 것은 위험천만하지요. 성장 가능성과 의욕을 스스로 눌러버릴 수 있기 때문이지요. 스스로 유토피아를 밀어내는 것이지요.

어쨌든 오늘날 사람들에게 유토피아를 그려보라고 한다면 우선 빈곤 없는 세상이라고 말할 것입니다. 삶의 조건에서 경제적인 부분이 크기 때문이지요. 특별한 경우도 있겠으나 일반적으로는 이렇게 생각하지 않을까요?

대형 승용차에 고급 아파트의 주거 환경, 카드 대금 걱정 없이 돈으로부터 자유로운 세상, 건강하게 수명이 100년 이상 살 수 있는 건강 상태, 다이어트 걱정 없이 마음껏 먹고 마실 수 있는 환경, 비행기 좌석이 넓어지고 안락해지는 것, 평화로운 일상의 세상 등등일 것입니다.

물론 이런 유토피아가 실제로 만들어지고 물질적인 부족함이 없는 사회가 등장해도 분명 나름대로의 문제를 갖고 있을 것입니다. 여전히 상대적인 빈부 격차는 발생하고 삶에서 의미를 찾는 데 어려움을 겪을 것입니다. 그럼에도 사람들은 자신만의 이상향을 꿈꿉니다.

현재도 자기만의 유토피아에서 살고 있는 사람들도 있겠으나 더 많은 사람들은 죽도록 열심히 일해도 여전히 힘들게 살 수밖에 없는 현실 앞에서 좌절하곤 합니다. 이런 현실을 고려하면 대개의 경우 상상 속에서 만들어진 유토피아는 이상향의 탈을 쓴 디스토피아인 경우가 많지요.

예컨대 이상향을 찾는 여정에서는 희망이 넘치지만 막상 도착했을 때는 부서진 환상과 절망만이 남는다는 점에서 '절대 행복'을 찾는 것과 비슷한 면이 있습니다. 과연 현실 속에서는 이상향이 존재할 수 없는 것일까요?

백만장자 참으로 어려운 화두군요. 사람들은 무슨 일이든 열심히 하고 그래서 남보다 더 잘하게 되면 얻는 것이 더 많을 거라고 생각하지요. 그 자체만 본다면 바람직한 자세라고 할 수 있지요. 문제는 자기만의 유토피아를 찾으려 하지만 안타깝게도 현실에서는 착각으로 끝나는 경우가 더 많다는 것입니다.

이런 착각에서 벗어나려면, 그래서 남다른 삶을 원한다면 반드시 충족시켜야 하는 전제조건이 있지요. 더 많은 성과를 낼 수 있는 일을 선택해서 다르게 해야 한다는 것입니다. 남이 하는 것처럼, 더구나 어제와 똑같이 하면서 결과만을 바꾸려 한다면 절대로 남다른 삶을 살 수 없습니다. 인풋이 같다면 아웃풋 역시 같습니다. 어제와는 다른 내일이 있을 수 없습니다.

내일을 바꾸기 원한다면 일을 하는 방식부터 바로잡아야 합니다. 예컨대 주변에는 적게 일하면서도 더 많은 것을 얻어내는 사람들, 그래서 풍요로운 삶을 살면서도 여유롭게 살아가는 사람들이 많지요. 그들에게는 효과성을 먼저 생각하면서 일을 하는 특징이 있지요. 성과가 날 수 있게끔 일하는 셈인데 이때 효율적으로 일하는 것과 효과적으로 일하는 것은 다르지요. 마케팅의 구루라고 하는 피터 드러커는 이렇게 얘기하지요.

"열심히만 살지 말라. 부가가치를 따져보라. 하지 않아도 될 일을 효율적으로 하는 것만큼 쓸모없는 일은 없다."

효율적으로 한다는 것은 성과를 크게 고려함이 없이 열심히 한다는 뜻이고, 효과적으로 한다는 것은 성과를 높일 수 있는 방법으로 일하는 것을 의미합니다. 둘 다 열심히 하는 면에서는 같지만 강조점, 즉 부등호를 어디에 두느냐 정도의 차이입니다.

문제는 많은 사람들이 효과성은 고려하지 않고 그냥 열심히 하는 경향이 있다는 것입니다. 그 결과 안타깝게도 세상은 죽도록 일하고도 원하는 것을 얻지 못하는 사람들로 넘쳐납니다.

또한 일을 함에 있어서도 우선 자기 자신에게 정직해야 합니다. 잠재의식 이론으로도 설명하는데, 가령 가난에 대해서도 이런 말을 하는 사람들이 있습니다. "가난은 다만 좀 불편한 것이다." 솔직히 그렇게 생각하는 사람이 얼마나 될지는 모르겠으나 가난을 가지고 말장난하듯이 하면 안 됩니다.

오히려 "가난은 불편이 아니라 불행인 것이다"라고 얘기해야 하는 것입니다. 무책임하고 위선적이며 간악하기까지 한 말에 현혹되었다가는 인생에 치명상을 입을 수 있습니다. 꼭 부자가 되려는 사람은 속에 없는 엉뚱한 얘기 말고 솔직하게 "가난은 죄악이다"라고 하는 것이 더 올바른 자세입니다.

실제로 가난한 사람들을 보면 한결같은 특징이 있습니다. 그들은 모두 가난에 진절머리를 내고 한없이 부자가 되는 꿈을 꾸면서 그것이 실현되기를 갈망하지요. 또한 그런 자기의 이상(理想)을 현실로 만들기 위해 각양각색의 방법을 동원하여 자신의 처지를 극복하려 합니다. 마땅히 그리해야 합니다.

그렇지만 말이 다릅니다. "돈이 인생의 전부가 아니다"라고 합니다. 그런 위선적인 자세를 던져버리고 입 밖으로 내뱉는 말도 "돈을 벌겠다, 부자가 되겠다"라고 솔직히 말해야 합니다. 표리부동에서 벗어나지 않는 한 결과도 바뀌지 않기 때문입니다.

사실 우리가 돈을 사랑하는 이유는 돈 자체보다도 그 돈이 선택의 스펙트럼을 넓혀주기 때문일 것입니다. 예컨대 휴가를 가는데 하와이를 갈까, 유럽을 갈까 고민하는 사람과 방에 콕 처박혀 시간을 보내야만 하는 '방콕' 말고는 아무런 대안이 없는 사람의 심정을 헤아려보면 답은 쉽게 나옵니다.

그렇습니다. '말이 씨가 된다'는 말처럼 자기에게 솔직했을 때 '선택의 스펙트럼'의 결정권자가 될 수 있습니다. 이 대목에서 하고 싶은 얘기는 이것입니다. 만약 부자가 되어 스스로 꿈꾸는 유토피아의 주인공이 되고자 한다면 역사에, 인생에 겸손해야 하듯이 돈에도 겸손해야 한다는 점입니다.

돈을 존중하지 않고(존경이 아닙니다) 무시할 때 인생은 초라하고 비참해집니다. 그 이유는 돈이란 결국 그 사람이 가진 자유의 총량이기 때문입니다. 비유를 하자면 연애할 때와 같이 간절해야 합니다. 사랑하지 않는 사람(돈)이 자기 품에 안길 리가 없기 때문이지요.

잠자는 동안에도
돈이 들어오게 하라

"기억하라! 잠자는 동안에도 돈이 들어오는 방법을 찾아내지 못한다면
당신은 죽을 때까지 일을 해야만 할 것이다."

위에 인용한 단문은 굳이 부연설명이 필요 없는 부자 중의 부자,
워런 버핏이 했다고 알려져 있다. 사실 그 말을 누가 했는가에 관계
없이 매력적인 언급이 분명하고 누구나 원하는 화두일 것이다. 가족
들과 여행지에서 즐거운 시간을 보내거나 골프를 칠 때도, 잠을 잘
때에도 돈이 나오는 시스템이 되어 있다고 한다면 그런 행복한 상상
만으로도 뿌듯할 것이다.

그렇지만 월급만으로 혹은 나오는 돈만으로는 많이 부족할 수밖
에 없는 현실과 팍팍한 주변의 환경 여건으로 인해 잠잘 때에도, 휴
가를 즐길 때에도 돈이 나온다는 파이프라인 이론은 매력적인 주제
임은 분명하나 막연한 것도 사실이다.

그렇다면 그것은 이룰 수 없는 꿈일까? 아니다. 쉽지는 않겠지만

주위를 둘러보면 나름대로 돈이 나오는 시스템의 주인공은 많다.

지금은 그 어느 때보다 극심해진 포모(FOMO : Fear Of Missing Out, 나만 빼고 다 잘살아) 증후군으로 인해 지나치게 자기만 뒤처지고 있다는 생각에 좌절하곤 한다. 또 SNS 세상을 보면 자신과 비슷한 또래의 준거집단들의 면면이 너무나 화려하고 박탈감을 갖게 한다.

이때 준거집단(準據集團)이란 개인의 행위, 예컨대 태도나 가치, 행동 방향 등을 결정하는 데 기준으로 삼는 사회집단을 일컫는다. 당연히 이것은 개인의 행위에 매우 큰 영향을 미친다.

사실 우리나라는 절대 빈곤국은 아니다. 그 말은 오늘날의 가난이란 그냥 돈이 적은 상태가 아니라 주변과 비교하는 상대적인 가치로서 돈이 모자라는 상황이라고 보는 것이 타당하다. 결국 포모(FOMO) 현상은 심리적인 부분도 많이 작용하는 것이다.

가령 SNS 세상에서 보여지는 삶이 일반적인 표준이 될 수는 없다. 그럼에도 실생활과 동떨어진 포장된 이미지를 떠올리면서 약간은 과장된 고급스럽고 행복한 모습을 실제라고 믿는다.

물론 그 또한 누군가에게는 하나의 동기부여로 작용할 수 있을 것이다. 그리고 현혹시키는 화려한 삶을 보며 상대적 박탈감도 느끼겠지만, 돈을 더 벌어야겠다는 결의를 다지게 된다는 것은 바람직한 영향이기도 하며 순기능이기도 하다.

이런 양면성에도 불구하고 공동선이라는 측면에서 보면 그렇게 바람직하지 않은 포모(FOMO)는 하버드대학교 MBA 학생이던 패트릭 맥기니스가 2004년 만들어낸 말이다. 《포모 사피엔스》라는 책의 저자이기도 한 그는 '포모는 요람에서 무덤까지 따라가는 인간 심리의 일부'라고 설명하면서 다음과 같이 지적한다.

"포모는 어떠한 선택도 내릴 수 없게 만드는 포보(FOBO : Fear Of Better Option)와 결합해 아무것도 할 수 없게 만든다."

그렇지만 용어가 어떻든 누리고 즐겨야 할 것이 너무 많은 세상에서 필요한 돈은 점점 늘어나는데 벌어들이는 돈은 그 속도를 따라가지 못한다. 인풋과 아웃풋 사이에 괴리가 있는 것이다. 이 부분이 문제다. 자신도 모르게 상향 비교를 강요받는 시대적인 상황에서 스스로 느끼게 되는 상대적 박탈감이 사람을 탈진하게 하는 것이다.

그런 결과인지 요즘 돈에 대한 관심이 그 어느 때보다 뜨겁다. 이런 현상을 과거의 골드러시에 빗대 머니러시(Money Rush)라고도 부른다. 돈에 대한 지나친 집착도 포함된 용어이지만 사실 용어가 어떻든 수입의 다변화 시도는 요즘처럼 어려운 시대를 살아가는 데 꼭 필요한 덕목임은 분명하다. 그런 이유로 부쩍 유행하는 '머니러시'라는 공격적인 용어가 이해도 된다.

월급 외에 부가적인 파이프라인이 필요

머니러시 현상이 발생하는 근본적이고 직접적인 이유를 쉽게 설명해보면 경제적 불안감 때문이다. 코로나19로 인한 혼란과 경제적인 손실, 나날이 오르는 물가를 보면 노후 대비는커녕 하루하루 살아가기도 버거울 지경이다. 그래서 내 집 마련이나 빨리 돈 벌어 젊어서 은퇴한다는 파이어(FIRE)족의 꿈을 이루기 위해서는 무리를 해서라도 돈을 벌고자 하는 것이다.

그런 경향을 나타내주는 것에 'N잡러 현상'이 자리하고 있다. 이는 2개 이상 복수를 뜻하는 'N'과 직업을 뜻하는 'job', 그리고 사람을 뜻하는 '~러(er)'가 합쳐진 신조어로 '여러 직업을 가진 사람'이란 뜻이다. 이들 N잡러는 직장 내에서의 승진보다는 자신의 취향이나 능력에 맞는 또 다른 부업을 병행하는 이들을 말한다.

부연하자면 N잡러는 본업 외에도 다양한 일과 취미를 병행하며 생계유지나 자아실현을 추구하는 이들을 통칭한다. 수십 년간 한 가지 분야에 몰두해 전문가가 되기보다 여러 일과 취미를 병행하며 자신의 가치를 높이려는 시도인 것이다.

과거의 유물이기도 하지만 사실 기성세대에서 통용되던 근로 형태는 안정적인 정규직, 평생직장이었다. 반면 최근 들어 변화하고 있는 근로 형태를 보면 프리랜서, N잡러, 제3의 직업으로 진화되고 있음을 알 수 있다. 그것도 급격하게 말이다.

그렇다면 현재 직장인들의 N잡러에 대한 생각은 어떨까?

알바 소개업체인 알바몬에서 직장인들을 대상으로 N잡러에 대해 조사한 내용에 의하면 많은 직장인들이 부업에 적극적이었다.

- 부업을 하고 있다(22.3%).
- 부업할 의향이 있다(68.9%).

생각보다 많은 직장인들이 N잡을 하고 있거나, N잡을 꿈꾸고 있는 것으로 나타난 것이다. 2030세대, 이른바 MZ세대를 중심으로 확산되는 것이니 이제는 고용의 대세로 자리잡았다고도 할 수 있다.

이런 현상의 이면에는 기존의 월급만으로는 풍족한 생활 혹은 원하는 삶의 목표를 이루기 어렵다는 자각이 자리잡고 있다. 그런 이유로 직장에 있으면서 근무 외 시간에 부업을 하고 돈을 버는 N잡러 비율은 계속해서 높아질 것이라는 예측은 어렵지 않다.

여기에 코로나 팬데믹이라는 특수 상황에서 등장한 동학개미, 서학개미, 그리고 빚을 내서라도 투자한다는 '빚투', 영혼까지 끌어모아 투자한다는 '영끌' 등은 이제 특별하지도 않은 일반적인 용어가 되었다. 물론 용어 자체는 열정이 넘치지만 성공의 확률은 그리 높지 않은 것 또한 현실이다.

더구나 과도한 레버리지로 인해 위기의 진앙이 될 수도 있다는 리스크 역시 분명히 상존한다. 중복되는 얘기지만 많은 중산층의 절대적인 꿈은 내 집 마련이다. 그러나 안타까운 몸부림에도 내 집 마련의 꿈은 점점 아득해지고 있다. 더 큰 문제는 어두워 보이는 현재의 상황이 나아질 것 같지 않다는 점이다. 말하자면 특별히 대안이 있는 것 같지도 않다는 것이다.

결국 해답은 재테크에서 찾아야 한다는 것으로 귀결된다. 이는 지금 같은 격변기에 살아남기 위해서는 월급 외에 부가적인 파이프라인이 반드시 필요하다는 원론이 거의 유일한 대안이 되는 아이러니한 시대에 살고 있는 것이다.

오늘날에도 도처에 금광은 존재한다

이러한 때에 등장한 '머니러시'라는 멋진 용어는 투잡과 투자를 통해 수입이 꾸준히 들어오는 '파이프라인'을 다변화, 극대화하고자 하는 노력을 지칭한다. 세대와 관계없이 월급 이외의 돈을 만드는 데 지대한 관심을 가진 모든 '경향성'을 지칭하는 것이므로 이것은 사회적 현상쯤으로 정의할 수 있다.

이런 현상, 즉 머니러시라는 용어의 옛 버전 내지는 원조로 볼 수 있는 게 바로 골드러시(Gold Rush)이다. 캘리포니아에서 금이 발견되면서 시작된 골드러시 시대와 지금의 머니러시는 부에 대한 욕망의 분출이라는 점에서는 맥을 같이 하나, 진짜 흥미로운 사실은 당시에 실제로 돈을 벌었던 사람들은 광부가 아니었다는 점이다.

러시라는 말이 상징하는 것처럼 금으로 인한 엄청난 에너지를 분출했던 사회적 현상 속에서 돈을 번 사람은 따로 있었다. 이때 돈을 번 사람들은 인간의 욕망이 분출하는 한복판에서 약간 비켜난 사람들이었다. 꾸준히 돈을 벌 수 있는 장치, 이른바 잠잘 때도 돈이 들어오는 '파이프라인' 내지는 '비즈니스 모델'을 만든 사람들이었다.

골드러시 당시 최초의 백만장자는 샘 브래넌(Sam Brannan)이었다. 신문사 경영도 했었지만 당시에는 노숙자이자 술주정뱅이였던 그는 금이 발견되었다는 소식을 듣고 광산으로 가는 길목에 '금 탐사용 물자 매장(철물점)'을 차린다. 그리고 금을 캐러 오는 광부들에게 채굴 장비를 50~70배 정도의 이윤을 붙여 공급함으로써 첫 2개월 동안에만 36,000달러(현재 가치 약 150만 달러)를 벌어들인다.

그는 골드러시 한복판에서 금을 캐서 돈을 번 것이 아니라 금을 캐러 온 광부들을 캠으로써 단기간에 부자가 된 것이다.

이때의 전설적인 얘기는 차고도 넘쳐난다. 광부들의 작업복으로 튼튼하고 질긴 천막 천을 이용, 청바지를 만들어 팔아 엄청난 돈을 번

독일 이민 리바이 스트라우스, 광부들에게 숙식을 제공함으로써 큰 자본을 축적한 메리어트, 광부들의 특송과 운송 서비스를 담당함으로써 오늘날 미국의 국민은행쯤으로 우뚝 선 웰스파고, 금광 안에 광부들을 실어 나르는 철도를 놓아 돈을 번 릴런드 스탠퍼드 등이다.

중요한 것은 골드러시 시기에 넘볼 수 없는 부를 독점한 주인공이 되었지만 그들은 광산에서 혹은 금을 캐서 승부를 본 것이 아니라는 점이다. 오히려 사회적인 현상, 즉 사람들이 몰려들고 소용돌이치는 현장의 주변부에서 서비스를 제공함으로써 돈을 벌었다는 것이다.

흔히 블루오션, 레드오션을 말하는데 시장에 접근할 때 고려해야 하는 내용을 언급한 것이다. 이미 잘 알려져 있어서 경쟁이 매우 치열하여 서로 흘리는 피로 바다가 붉게(red) 물든다는 경쟁 시장을 '레드오션'이라고 하며, 반대의 경우를 '블루오션'이라고 부른다.

황금의 발견과 함께 수많은 사람들이 경쟁을 하게 된 금광은 곧바로 시장으로서의 가치가 없는 레드오션 중의 레드오션이 된다. 하지만 그 와중에도 청바지라는 작업복의 블루오션은 존재한다. 이렇게 조금만 발상을 전환하면 얼마든지 깨끗한 물이 넘쳐나는 블루오션을 찾을 수 있는 것이다.

지금 전달하려는 요지는 간단하다. 오늘날에도 도처에 금광은 존재한다는 것이다. 물론 그때와 다른 것은 물리적인 '장소'에 한정되지 않는다는 점뿐이다. 오늘날의 금광은 바로 '발상'이다.

결국 골드러시 시대에 돈을 번 주인공들로부터 힌트를 얻어 제2의 샘 브래넌, 제2의 메리어트, 제2의 리바이가 되어 꾸준히 돈을 벌어들일 수 있는 비즈니스 모델을 만들 수 있어야 한다. 그것이 골드러시와 오늘날의 머니러시를 진정으로 이해한 것이다.

흔히 얘기하는 '돈을 위해 일하지 말고 돈이 나를 위해 일하게 만드는 것'이다. 또한 그 결과는 워런 버핏의 표현대로 하면 '잠자는 동안에도 돈이 들어오는 방법'이 될 것이다('골드러시'의 자세한 내용은 별도의 장에서 다시 언급하고자 한다).

돈은 인생의 축소판이다

연금술사 누구나 가난에 쪼들리면서 칙칙한 삶을 살고자 하는 사람은 없을 것입니다. 그렇지만 세상은 부자와 가난뱅이로 나눠집니다. 그리고 가난한 사람은 모든 면에서 불리한 상황, 흔히 말하는 기울어진 운동장의 아래쪽에 위치함으로써 약자일 수밖에 없습니다.

인간 사회에서 돈으로 할 수 있는 것, 돈이 제공하는 혜택에도 불구하고 많은 사람들은 '돈은 수단이지 목적은 아니다'라고 합니다. 그 의견을 부정하고 싶지는 않지만 다른 각도에서 이 부분을 살펴보는 것은 의미가 있을 것 같습니다. 예컨대 세상의 모든 사람들이 인정하듯이 돈에 관한 한 특별한 능력을 가진 유대인들은 돈이 없는 사람을 죽은 사람으로 간주합니다.

"세상에는 죽은 사람으로 간주되는 네 종류의 사람이 있다. 첫 번째는 가난한 사람이고, 두 번째는 나병 환자, 세 번째는 눈먼 사람, 그리고 마지막 네 번째는 자식이 없는 사람이다."

    충격이 아닐 수 없습니다. 이런 논리라면 가난한 사람은 사람이 아니라는 뜻이 됩니다. 적극 부정하고 싶지만 한편으로 생각하면 유대인들의 돈에 관한 이런 적극적인 자세가 있기에 유대인 출신의 세계적인 갑부가 많다는 팩트는 개연성이 충분합니다. 특히 세상의 중심이라는 미국의 부자 중에 유대인들이 다수인 이유가 바로 이 부분 때문일 것입니다.

    그들은 오래전부터 돈이 바로 축복이며, 생명이며, 인간이 인간답게 살아갈 수 있게 해주는 유일무이한 도구라는 사실을 정확하게 인식하고 있었습니다. 이런 사실을 뒷받침하는 말이 《탈무드》에도 등장합니다.

    "돈은 악이 아니며, 저주도 아니다. 돈은 사람을 축복하는 것이다."

    이렇게 유대인들의 정신세계가 담겨 있고 정신적 지주 역할을 하는 《탈무드》에도 돈은 사람을 축복하는 것이며 배척하거나 터부시해야 할 대상이 아니라고 가르칩니다. 그렇습니다. 죽은 사람은 아무것도 할 수 없습니다. 누군가에게 그 어떤 영향력도 행사할 수 없고, 누군가를 도와주거나 이끌 수도 없습니다. 한마디로 있으나 마나한 존재가 됩니다.

    이런 유대인들의 의견에 동의를 하든, 안 하든 가난한 자는 존재감을 들어낼 수 없고 아무 가치도 없다는 점은 분명합니다. 결국 어떤 사람의 경제적인 능력 부재는 그로 하여금 노예와 같은 삶을 사는 것과 다를 바가 없습니다. 돈이 없는 사람, 가난한 사람을 죽은 사람으로 간주하는 《탈무드》의 의견은 잔인하나 그 정신만큼은 우리가 배워야 하는 것이 아닐까요?

백만장자 옳은 말이지만 윤리적으로나 사회 정의 측면에서 무척이나 혼란스럽게 하는 주장이네요. 돈이 없다고 해서 죽은 사람 운운하는 유대인들의 가르침에 전적으로 동의할 수는 없지만, 그 주장하는 내용은 부정할 수도 없군요. 철학자 중에도 《탈무드》의 견해와 비슷한 의견을 피력한 사람이 있지요. 바로 스피노자입니다. 그는 이런 말을 했지요.

"돈은 인생의 축소판이다."

짧은 문장이지만 많은 것을 내포하고 있는 문장이죠. 예컨대 돈이 인생의 축소판이라는 표현은 '돈이 없다면 인생도 없다'는 것과 등식이 성립하지요. 결국 돈이 없는 자는 삶이 없는 죽은 자와 같다는 《탈무드》와 같은 의견인 셈이지요. 돈이 삶과 죽음의 원초적인 근원은 아니겠지만, 돈이 없을 때는 그 근원조차도 흔들리게 할 만큼 위력이 강력하다는 것이지요.

사람의 가치가 어떻게 평가되는가, 혹은 돈이 얼마나 냉정한가는 9·11 테러 이후 피해자 유족에게 보상금을 지급하는 과정을 보면 잘 알 수 있지요.

잘 아시겠지만 9·11 테러는 2001년 9월 11일 오사마 빈 라덴과 알 카에다의 동시다발적 항공기 하이재킹과 자폭 테러로 미국 뉴욕 맨해튼의 세계무역센터와 워싱턴 펜타곤이 공격받은 사건이지요.

미국은 물론 세계 정세를 뒤엎어버린 역사상 최악의 테러 사건으로, 이때 공식 발표로 2,996명의 사망자와 최소 6,261명의 부상자를 발생시킨 엄청난 사건이었지요. 공식 발표만 그렇다는 것입니다.

민간인뿐만이 아닙니다. 뉴욕시 소방관 343명과 뉴욕시 경찰관 23명, 항만경찰관 37명, 경찰견 1마리, 사설 EMT(응급구조사) 8명, 화재순찰관 1명 등 모두 합해 무려 412명이 순직했지요.

사건이 대충 정리되고 유족에게 보상금을 지급하는 과정에서 희생자의 '경제적 보상'을 따지는 기준으로 피해자의 생전 연봉이 고려됐습니다. 그 결과 희생자들이 죽기 전 연봉이 400만 달러 이상인 피해자 8명의 가족에게는 640만 달러의 보상금이 주어졌고, 불법 이민자로 요리사였던 최저 연봉 희생자 유족에게는 25만 달러가 지급됐습니다.

이해되십니까? 사람 목숨의 가치가 무려 26배 차이였습니다. 죽음 앞에서도 사람의 가치는 냉정하게 매겨진 것입니다. 치열한 자본주의 시스템, 즉 상위 1%가 미국 전체 소득의 반 이상을 가져가는 불평등한 소득 격차가 사람의 죽음마저도 차등적인 '생명의 가격표'로 평가한 것입니다.

정리하자면 이렇습니다. 평소에 돈을 잘 벌어 잘 먹고 잘살았던 사람은 죽어서도 높은 가치를 인정받은 반면, 평소 가난했던 사람은 죽음 뒤에도 그 정도밖에는 대우받지 못한다는 서글픈 현실입니다.

이런 사례가 미국 얘기고 우리나라는 그렇지 않을 것이라고 위안할 수 있을 까요? 그렇게 생각하는 바보는 없겠지만 혹시 있다면 미안하게도 그 위안을 깨 트려야 합니다. 왜냐하면 아주 유감스럽게도 우리가 더하면 더했지, 덜하지는 않기 때문입니다. 서글프게도 인간의 가치가 오직 돈으로 평가되면서 가난한 것도 서러운데 죽음 앞에서도 차별을 받는 것이지요.

열심히 돈을 벌어 부자가 되어야 하는 근거로 더 이상의 추가적인 이유가 필 요할까요? '닥치고 부자'가 되어야 하는 것에 특별한 반론이 필요한가요?

동의 여부에 관계없이 우리는 냉정한 자본주의 사회 시스템 하에서 살고 있 습니다. 좋아하든, 인정하고 싶지 않든 돈이 힘인 세상에 살고 있습니다.

사실 부자인 부모의 자식으로 태어난 아주 극소수의 금수저를 제외하고 돈이 없어서 큰 고통을 당해본 경험이 없는 사람은 드물 것입니다. 이렇게 돈은 기쁨 과 슬픔의 근원이라고 할 수 있으며, 돈이 많다면 그로부터 큰 즐거움과 기쁨을 누릴 수 있는 것입니다. 그렇습니다. 돈은 우리가 살아가야 할 인생 무대를 장식 해줄 핵심 요소인 것은 분명합니다.

파이프라인,
다양한 수익 모델 구축

"젊었을 때는 잘하는 것을 직업으로 삼아 돈을 벌어야 하고,
나이 들면 좋아하는 것을 하면서 살아야 한다."

젊어서 돈을 벌어야 하는 이유는 무엇일까? 그것은 늙어서 원치 않는 것을 하지 않기 위해서이다. 돈이 있으면 내가 싫어하는 일들은 돈을 주고 다른 사람에게 시키면 되고 나는 좋아하는 것을 하면서 살 수 있다. 즉, 돈으로 자유를 사는 것이다. 이렇게 본다면 '돈이 없으면 자유를 잃는다'는 명제가 성립한다.

신세대가 자기소개를 할 때 보면 자신이 무엇을 좋아하고, 무엇에 관심이 있는지 자기의 취향을 먼저 얘기하고, 직장이나 직업은 뒤에서 말한다. 예전과는 순서가 바뀐 것이다. 이것은 자기 자신이 소중하다는 것을 먼저 어필하는 것이다.

어찌 보면 바람직하고 권장할 만한 좋은 현상이다. 왜냐하면 자기가 다닐 직장은 별로 오래지 않아 굿바이할 것이지만 자신의 취향은 앞으로도 30~40년을 함께해야 한다. 그런 의미에서 자기를 제대로 아는 것이 더 중요한 것이다.

요즘 청년들의 소박한(?) 소원이 '조물주 위에 건물주'라는 표현에서처럼 '건물주 아들이 되고 싶다'는 것이라고 한다. 결국 부자로 살고 싶다는 표현일 텐데 이렇게 사람들의 관심이 많으니 돈 자체를 정의하는 표현도 많고 표현 방식도 다양하다.

그중에서도 톱클래스에 속하는 것들에는 '돈은 자유다!'라는 익숙한 것도 있고, 영어로는 'Money talks, 돈이 말한다'도 있다. 순수한 우리 표현으로 하면 '돈이 장땡'인 것인데 영어로도 같은 의미일 것이다. 더 적나라한 것으로는 '돈이 말하면 세상은 침묵한다'도 있다.

나이 들어서 가장 필요한 다섯 가지는 돈, 현금, 머니, 캐시, 금전이라는 조크가 있다. 별로 어감이 좋지는 않으나 현실만을 본다면 나이를 먹어갈수록 돈이 더 필요한 세태가 되어간다는 것이다.

이런 현상은 어느 한 개인이 싫어하고 좋아하는 선호 문제가 아니다. 오히려 사회의 트렌드로서 돈이 없으면 노년의 삶은 재앙이라는 생각이 갈수록 커지고 있다.

나이가 젊다고 해서 별반 다르지 않다. 월급만으로는 부족할 수밖에 없는 팍팍한 현실과 희망이 별로 보이지 않는 환경에서 돈에 대한 관심과 경제적인 능력을 갖춘다는 것의 중요성에 이견을 다는 사람을 찾아보기 어렵다. 그 결과 지금 대한민국 사회는 돈을 벌고자 하는 열정이 그 어느 때보다 뜨겁다.

이런 상황에서 수입선을 다변화, 극대화하고자 하는 노력을 '머니러시'라는 신조어로 부르는 것이다. 오래전 미국 서부에 골드러시가 있었다면 오늘날 한국에는 머니러시 현상이 있는 것이다.

머니러시가 골드러시에 빗대어 만들어진 조어라고 한다면 먼저 골드러시를 공부하는 것이 순서일 것이다. 돈으로부터의 자유, 즉 파이프라인을 만들고자 한다면 특히 그렇다.

어쨌든 경제활동에 관한 한 요즘은 예전과 달리 한 우물만 파는 사람은 거의 없다. 이런 상황이므로 당연히 잠자는 동안에도 돈이 나온다는 파이프라인 이론은 매력적일 수밖에 없다. 그 결과 많은 사람들이 투잡과 투자 행위에 나서며 수입의 파이프라인을 여러 개 꽂는 데 관심을 극대화하고 있다.

풍성하게 물(돈)이 흐르는 파이프라인

본래 파이프라인(Pipe Line)이란 유체의 수송을 위해 설치하는 관(管)을 통칭하는 용어였는데 오늘날에는 기존의 고정적 소득 외에 지속적으로 발생하는 추가 소득 내지는 부수입을 뜻하는 말로 널리 쓰이고 있다. 매력적인 용어임은 분명하다.

용어가 어찌되었든 돈이 절실하게 필요한 사람들의 머니러시는 주로 '파이프라인'이라고 불리는 수입원 다각화에 초점을 맞춘다. 특히 '자본주의 키즈'로서 자본주의의 혜택 속에서 자라나 자본에 대한 유연한 사고와 인식체계를 갖춘 'MZ세대'의 머니러시는 바로 '파이프라인 수입'에 초점을 맞춘다.

가뭄이 들면 바짝 마르는 우물이 아니라 수도꼭지만 틀면 항상 풍성하게 물(돈)이 흐르는 파이프라인 우물을 선호하는 것이다.

수입을 더 늘리고자 하는 이유는 소비 지출에 대한 기대는 크게 높아진 반면 경제 환경은 더 나빠지고 있기 때문이다. 예컨대 자기 힘으로 살아남기 위해서는 고정 수입 외에 부가적인 수입의 파이프라인이 반드시 필요해진 것이다.

결국 파이프라인을 확보하고자 하는 머니러시 현상은 투잡, N잡 등과 함께 수익을 극대화하고자 하는 '투자', 이른바 대출을 끼고 투자하는 '레버리지(부채)'를 적극 활용하는 것으로 발전한다.

여기서 레버리지 효과는 우리말로 하면 '지렛대 효과' 또는 '부채 효과'라고 불릴 수 있다. 지렛대의 원리가 물건을 들어올릴 때만 적용되는 것이 아니라 경제에도 적용되는 것이다.

이때 지레의 역할을 하는 것이 나의 자본이 아닌 바로 타인의 자본, 즉 빚인 것이다. 내 돈이 아닌 다른 사람의 돈으로 투자를 하는 것이므로 실제 가격변동률보다 몇 배 많은 투자수익률이 발생하는 현상을 '레버리지 효과'라고 한다. 물론 반대의 경우, 즉 손해를 볼 때도 역시 크다. 레버리지의 양면성이다.

다른 한편 '갭(gap) 투자'란 시세 차익을 목적으로 아파트의 매매 가격과 전세금 간의 차액이 적은 집을 전세를 끼고 매입하는 투자 방식이다. 우리말로 하면 '시세 차익 투자'쯤으로 정의할 수 있다.

예컨대 정부가 아파트 가격을 잡기 위해 대출 규제나 세금 강화를 통한 규제 정책을 쓰면 전세 가격이 오른다. 집을 사려는 사람들이 전세로 방향을 바꾸기 때문이다. 따라서 아파트의 전세금이 아파트 가격에 육박하게 되고, 그로 인한 차익을 노려 투자를 하려는 사람들이 늘어나는 것이다.

이렇게 레버리지 효과는 달콤하기도 하나 리스크 또한 크다. 가령 유동성 축소를 위해 금리 인상이 예견되는 시점에서의 과도한 레버리지 확장은 큰 위기의 뇌관이 될 수 있다.

어쨌든 레버리지는 적은 자본으로 큰 효과를 낼 수 있다는 뜻에서 비롯된 말로, 부채 효과의 의미처럼 수단이 빚이다. 내 돈이 아닌 남의 돈으로 투자한다는 의미로 본다면 결국 레버리지는 수익을 극대화할 수도 있겠으나 리스크 역시 커지므로 이것을 쓸 때는 신중하게 접근해야 하는 것은 너무나 당연하다.

우리는 흔히 빚 없이 사는 삶을 꿈꾸며 그것이 바람직하다고 생각한다. 틀린 말은 아니다. 빚 없이 사는 것은 개인의 재무관리 측면에서 리스크를 줄일 수 있는 가장 좋은 방법이기도 하다. 하지만 경우에 따라서는 적절하게 빚을 활용해야 부를 쌓는 데 도움이 된다.

예를 들어 과거에는 지금과 달리 유일한 재테크 방식이었던 예금이나 적금을 통해 어느 정도 목돈이 마련되면 이를 종잣돈 삼아 대출(빚)을 이용해 내 집 마련을 했다. 그 후 집값이 오르면 평수를 늘려가는 방식으로 자산을 키웠다. 지금과는 상황이 많이 다르고 당시에 레버리지 효과라는 용어가 없었지만 개인의 부를 쌓아가는 방법으로 레버리지를 십분 활용했던 셈이다.

레버리지 효과에는 양면성이 존재

재차 강조하지만 여기서 주의할 점은 레버리지 효과의 양면성이다. 레버리지는 수익의 폭을 높일 수 있는 장점이 있는 반면 손실의 폭을 높이는 단점도 동시에 존재한다. 그런 이유로 사업이든, 부동산이든 레버리지를 이용한 투자에는 신중한 판단이 요구되는 것이다.

이렇게 머니러시 현상은 다양한 수단을 통해 유행하는 재테크 방법으로 다른 각도에서의 양면성 역시 존재한다. 이로 인해 개인의 피보팅 기회가 될 수 있는 반면, 한국 사회가 지나치게 속물화되고 있다는 비판도 제기되고 있다. 더 불안한 것은 2022년 여름 이후부터 코로나19로 많이 풀린 유동성 흡수를 위한 급속한 금리 인상이 진행되고 있는데, 이렇게 되면 '빚투'와 '영끌'로 표현되는 과도한 레버리지가 위기의 진앙이 될 수도 있다는 점이다.

지금 같은 격변기에는 개인적인 피보팅은 절실하다. 이때 피보팅 (Pivoting)이란 축을 기준으로 회전한다는 뜻으로, 상황에 따라 방향을 수정한다는 의미이다. 기존의 사업 아이템이나 사업 모델을 밑바탕에 두지만 사업의 방향을 다른 쪽으로 전환함으로써 변화된 환경에 적절히 대응하는 것이다.

예컨대 지금은 엄청난 회사로 성장했지만 넷플릭스는 원래 비디오테이프를 우편을 이용, 대여업을 하던 곳이었다. 말하자면 처음에는 영세한 회사였다. 그런데 시장의 변화에 따라 과감하게 사업의 방향을 바꾸는 전략을 통해 지금의 스트리밍 플랫폼을 대표하는 콘텐츠 기업으로 급부상하며 큰 성공을 거둔 것이다.

이렇게 시장의 상황이 예전과 다르거나 수익이 오르지 않고 정체되는 상황 혹은 성과가 예상보다 저조할 때는 기존 사업의 방향을 바꿔 새롭게 도전하는 것이다. 이것을 피보팅 전략이라고 통칭하는 것이다. 물론 기존의 사업을 버리고 새롭게 도전해야 하므로 위험(리스크)도 역시 크지만 큰 성과를 얻을 수도 있다.

최근에는 트렌드에 민감한 사회가 도래하면서 피보팅을 얼마나 빠르게 하는지가 생존을 결정지을 수 있다는 주장도 있다. 물론 속도도 중요하고 방향도 중요하다. 그러나 어떤 경우에도 '돈은 목적이 아니라 수단'이라는 본질적인 내용을 이해할 필요가 있다. 그런 이해의 바탕에서 머니러시 역시 우리가 추구해야 하는 과업, 즉 '성장과 자기실현'의 수단으로 자리매김해야 한다.

고용의 대세, 긱 이코노미

포스트 코로나, 이른바 팬데믹의 대재앙 이후의 큰 변화를 얘기하지만 대재앙 이후까지 갈 것도 없이 이미 세상은 급속히 재편되고 있다. 이전의 생존경쟁 원칙은 무너지고 4차 산업 전략은 모호해지면서 어떻게 해야 살 수 있을지에 대해 지구촌의 모든 사람들이 불안과 두려움에 빠져들고 있는 현실이다.

그런 살벌한 세상이지만 경제활동은 해야 하고 이러한 때에 고용문제와 관련하여 떠오르는 단어가 바로 긱 노동자(Gig worker)이다.

이는 고용주의 필요에 따라 단기로 계약을 맺고 일회성 일을 맡아 하는 새로운 근로자의 형태를 말한다. 비정규직 근로자와 유사해 보이지만 이는 자발적으로 계약직을 희망했다는 면에서 차이가 있다.

이들은 어느 집단에 소속되지 않고, 수시로 의뢰자를 바꾸고 다른 일을 함으로써 프리한 게 사실이다.

그러나 쉽게 해고당할 수 있고, 불러주어야만 일하고 돈을 버는 등 불확실한 신분으로 밝은 면과 어두운 면이 동시에 존재하는 고용 형태이다. 어쨌든 정리하자면 임시직 또는 계약직 근로조건을 토대로 하는 고용 시스템의 특징이 긱 이코노미(Gig Economy)이다.

이것은 코로나19 사태로 인해 더욱 진전되고 있는데, 신문의 타이틀 몇 가지만 봐도 활성화되는 것이 증명된다.

"여행·항공·무역업 종사자 '계속 놀 수 없어 새 직업 구해'", "새벽에 반짝 일해도 짭짤… 라이더로 변신한 여행 항공사 직원들", "서비스업 전반적 위축 시기에 IT·정보서비스 근로자는 쑥", "영화 종사자 37% 급감할 때 택배기사 10% 이상 늘어", "'5시간 일하고 35만 원 벌었네요.' 배달 라이더 위험천만 수익 전쟁".

이런 현상을 증명이나 하듯 최근에는 운전할 사람을 구할 수 없어 택시를 그냥 세워 놓을 수밖에 없다고 아우성이다. 택시기사들이 코로나19 이후 호황 중인 '배달의 민족' 등 배달을 전문으로 하는 업체의 '라이더'로 전직을 하여 차를 세워 놓을 수밖에 없는 것이다.

물론 이것은 택시 운전을 하는 것보다 라이더들이 수입이 더 좋다는 현실적인 고려를 반영하기도 한다.

마치 골드러시 당시에 모든 직원들이 금을 찾아 떠나버려 회사는 문을 닫아야 했고, 배는 항구에 묶였으며, 신문사마저도 휴간할 수밖에 없었던 그런 유사한 일들이 오랜 시간이 지나 다시 재연되고 있는 것이다. 이런 과거의 사례와 비교할 것도 없이 새로운 시스템인 긱 이코노미는 하나의 고용 흐름으로 자리잡아 간다. 그렇지만 장점도 많으나 취약성도 상당하다.

이런 점을 반영해 〈뉴욕타임스〉는 긱 이코노미를 특집으로 다루면서 '경제위기가 임시계약 경제의 취약점을 노출시켰다(Crisis exposes fragility of the gig economy)'라고 말하고 있다. 정확히 맥을 짚은 것이다. 그렇지만 이것이 고용의 한 형태로 단점도 있으나 대세의 흐름이라면 다양한 수익 모델 구축이라는 관점에서 적응해 나가고 잘 정착시켜야 하는 과제가 주어진 것이다.

이제는 진부한 얘기가 되었지만 더 이상 기업이 개인의 일자리를 보장해 주지 않는다. 흔히 성장의 시대를 지나 21세기는 성숙의 시대 혹은 저성장 시대라고 한다. 성장의 시대에는 무엇이든 만들면 잘 팔리는 시대여서 기업의 성장으로 인해 국가 경쟁력이 높아졌고, 그 결과 기업이나 국가가 어느 정도 개인의 행복을 보장해 주었다.

그러나 더 이상 기업이나 국가가 개인의 행복을 보장해 주지 못하는 시대가 된 것이다. 예전과는 달리 치열하게 자신의 행복을 위해 스스로 모든 것을 해결해야 하는 것이다. 이렇게 일의 의미와 형태가 변하면서 정규직과 풀타임 일자리가 점점 사라져가고 있으며 그 자리를 긱 노동자가 채우고 있다.

앞으로도 기업은 필요한 일에 필요한 사람을 임시직 내지는 계약직으로 활용할 가능성이 높아지고 있다. 이미 그렇게 하고 있는 추세다. 기업이나 국가가 나서서 일자리를 만든다는 것은 힘든 시대이기에 긱 경제(Gig Economy)는 계속 활성화될 수밖에 없는 것이다.

이유는 또 있다. 지금은 초연결과 융복합의 시대이고, 소유보다 공유의 시대이기 때문이다. 더구나 근로자들의 트렌드 역시 더 이상 풀타임으로 일하는 것에서 벗어나 시간적 자유, 경제적 자유를 누리고자 한다. 예전과 달리 직장에 목매달지 않는 것이다.

그렇지만 긱 경제의 활성화에는 위험성 역시 상존한다. 개인이 시간적, 경제적 자유를 누릴 수 있다는 것은 철저하게 실력을 갖추었을 때 가능한 것이다. 왜냐하면 기업이 필요할 때만 활용하기 때문에 언제든 계약을 파기할 수 있고, 그것은 실력이 뒷받침되지 않으면 도태될 수밖에 없다는 의미이기 때문이다.

인간이 추구하는 4가지 요소

사람은 누구나 낯선 환경에 어색해하고 변화를 두려워합니다. 그렇지만 성공을 하고 돈을 벌며 부자가 된다는 것은 결국 익숙한 것으로부터의 결별로부터 시작해야 하지요.

많은 사람들이 변화해야 한다는 당위성은 이해하나 익숙한 안전지대를 벗어나는 것에 두려움과 불안을 느끼며 그 결과 앞으로 나아가지 못하고 머뭇거리지요. 물론 변화를 거부하면 안전과 편안함을 누릴 수는 있겠지만 자아성취와 탁월함, 그리고 삶의 모든 부분에서 만족감을 맛볼 수는 없을 것입니다.

변화에의 도전은 분야를 가리지 않지만 스포츠에서 유독 강하지요. 도전을 넘어 한계에 도전한다는 표현이 적절할 텐데 예컨대 세계 여자 골프 LPGA의 전설 중의 한 명인 안니카 소렌스탐은 2003년 남자 골프 PGA 경기에 출전합니다. 여자 골프에 안주만 해도 별로 잃을 것이 없는 그녀였지만 낯선 환경에 과감히 도전합니다. 물론 열심히 경기에 임했으나 결과는 컷오프였습니다. 기자들이 출전 이유를 묻자 이렇게 대답하지요.

"제 자신이 얼마만큼 할 수 있는지 알고 싶었어요. 무모한 것처럼 보이는 도전이 제 게임에 활력을 줄 거라고 생각했죠."

그녀의 이런 익숙하지 않은 환경에의 도전은 바로 성과로 나타납니다. 다음 시즌에 그녀는 18개 대회에 출전해 8번을 우승하고, 16개 경기에서 톱 10에 들지요. 아마도 그녀 역시 세계 최고의 기량을 갖춘 남자들과 경기하는 것에 많이 망설였을 것입니다. 그렇지만 스스로의 과감한 결정으로 변화를 받아들인 그녀의 선택은 부와 명성으로 보답받습니다.

또 있습니다. 한국 양궁은 세계적이죠. 타의 추종을 불허하는 양궁의 실력은 발군이죠. 워낙 오랫동안 정상에 있었기에 적도 많고 모든 나라의 타깃이 되기에 그 자리에 안주했다면 계속해서 정상에 머물 수는 없었을 것입니다. 정상을 유지하기 위해 끊임없이 변화하지요. 한국 양궁팀 훈련의 핵심은 '한계에 도전하기'쯤 됩니다. 기상천외한 방법으로 끊임없이 다르게 훈련합니다.

특수부대 훈련, 해병대 훈련은 말할 것도 없고, 사람이 가장 공포를 느낀다는 높이에서 밀어 떨어트리는 번지점프, 무박 3일 행군 등 말만 들어도 경악하게 하는 훈련을 소화합니다. 이런 훈련에는 남녀도 없습니다. 일주일의 반은 기초 체력을 쌓는 데 투자하면서 거의 죽음의 스케줄을 소화합니다.

사실 양궁은 활만 잘 쏘면 될 것 같은데 기본 훈련 방식은 어떤 환경에도 흔들리지 않을 담력과 정신교육입니다. 그 결과는 아시는 대로입니다.

이런 사례들이 꼭 스포츠에만 해당되는 얘기가 아니며 변화는 누구도 피해갈 수 없지요. 상황에 안주하고 변화에 익숙하지 않으면 결코 부자가 될 수 없고 또 살아남을 수도 없을 테니까요. 이런 내용에 동의하시지요?

백만장자 그렇습니다. 반드시 부자가 목적이 아니라도 '변화'라는 덕목은 사업가, 선생님, 군인, 운동선수, 학생 등 어떤 일에 종사하든 꼭 갖춰야 하는 것이지요. 습관적으로 해야 한다는 게 더 정확하겠네요. 그럼 변화에의 적응이 얼마나 중요한가를 사례를 들어 설명해 볼까요.

지구가 생긴 이래 가장 오랫동안 생존하고 번식해 온 주인공으로는 바퀴벌레와 쥐, 그리고 개미 등이 꼽히지요. 이들은 잡식동물로서 생태계와 생존 환경이 바뀌어도 그 환경에 바로 적응하는 특성을 갖고 있지요.

기존에 있던 먹이가 사라지고 새로운 먹잇감이 등장해도 그 바뀐 환경에서 오랜 기간 생존해 왔던 것이지요. 결국 이들은 환경 변화에 대한 민첩한 적응력 덕분에 멸종하지 않고 살아남을 수 있었습니다.

인간이 돈을 포함한 여러 가지에 신경을 쓴다면 바퀴벌레나 쥐는 먹이를 구하는 것이 유일한 가치일 것입니다. 그들은 늘 먹었던 먹이에만 집착하여 변화의 흐름을 감지하지 못하는 우를 범하지 않았지요. 변화에 민감하게 반응하고 대처하여 새로운 환경에서도 거뜬히 생존할 수 있었습니다.

다윈이 《종의 기원》에서 말한 대로 '이 세상에 살아남는 종은 가장 힘이 센 종도, 가장 지능이 높은 종도 아니며 변화에 가장 잘 적응하는 종이다'를 정확히 증명하는 사례지요.

우리는 시시각각 역동적으로 변화하는 시대에 살고 있습니다. 이런 시대에는 누구나 '미래를 어떻게 준비해야 할 것인가'라는 주제를 두고 고민하게 됩니다. 열심히 다니던 회사가 하루아침에 부도가 나고, 열정을 바친 회사에서 명퇴하라는 압박이 들어옵니다.

미래를 준비한다고 시간을 쪼개 배우던 기술은 자동화로 점점 쓸모가 없어지고, 간신히 얻은 일자리는 AI 때문에 직업 자체가 없어진다는 흉흉한 소문이 들립니다. 이런 변혁의 시대에 중요한 것은 개인이 어떤 가치를 만들어내는가에 따라 삶의 양과 질이 크게 달라진다는 것입니다.

이는 곧 '나는 얼마만큼 경쟁력 있는 사람이 될 수 있는가'를 고민하고, 계획을 세우고, 그에 맞는 노력을 해야 한다는 것을 의미합니다. 결국 생존을 위해서는 변화의 흐름을 감지해야 하고 그 변화에 따른 적응력이 요구되는 것이지요.

현재의 한국인들이 행복하지 않은 이유의 상당 부분은 돈 때문이라고 할 수 있을 것입니다. 물론 돈과 행복이 같이 간다고는 하지만 인간의 삶은 다양하고 추구하는 것도 다르기에 꼭 돈만이 지고지순의 가치는 아닐 것입니다.

그렇지만 가령 골프를 즐기려고 하면 돈, 건강, 시간, 그리고 친구가 있어야 하지요. 골프를 예로 들어서 설명하고 있지만 행복한 성공을 이룬 사람들이 공통적으로 삶에서 가장 중요시하는 것은 돈, 시간, 건강, 인맥이라는 4가지 요소입니다. 말하자면 재정의 자유와 시간의 자유(노동 수입 이외의 수입원 확보), 건강, 그리고 인간관계 등 네 가지 자유를 추구합니다.

누구나 이런 요소들을 갖추려고 하지만 쉽게 이룰 수 있는 것들은 아니지요. 그럼에도 도전을 하려는 분들에게 유명한 하버드대학교 경제학과의 맨큐 교수의 설파는 중요한 팁이 되겠군요.

① 모든 선택에는 대가가 있다.
② 선택의 대가는 그것을 얻기 위해 포기한 그 무엇이다.

정리되시나요? 무언가를 선택하여 이익을 누리려고 한다면 다른 것을 포기하거나 고통을 감내해야 합니다. 즉, 선택에 따른 대가 혹은 기회비용입니다. 간단한 것 같지만 변화의 덕목을 이해하고 능동적으로 받아들일 자세가 되어 있지 않다면 어려운 일이지요.

전 국민 앙트레프레너의 시대

"우리는 살아가면서 한 번쯤은 창업을 고민해야만 하는 시대에 살고 있다.
현재는 '직장인의 종착역이 사업자'라고 하는 전 국민 사업가 시대이다."

불확실한 미래와 코로나 팬데믹은 사람들에게 너무나 많은 강요를 하고 있다. 그중에서도 예전이라면 충격적으로 들릴 내용, 즉 직장인의 미래가 안정적인 리타이어(은퇴)와 편안한 노후가 아니라 '사업이 종착역'이라는 것이다. 그렇다면 사업이라는 것에 대해 공부를 하고 혹시 모르는 창업의 시기에 대비해야 한다는 말이 된다.

사실 요즘 같은 불확실성이 팽배한 시기에 사업은 잘 알고 도전해도 어려운 것인데, 제대로 모르고 준비 없이 시도한다는 것은 실패를 계획하는 것과 동의어라고 할 수 있다. 어쨌든 지금은 전 국민 사업가 시대, 말하자면 전 국민이 '1인 기업가'가 되는 시대로 진입하는 초기라고 할 수 있다.

이런 경향은 우리만 그런 것이 아니라 다른 나라도 대동소이하다.

한마디로 전 국민의 앙트레프레너십(Entrepreneurship) 사업가 시대가 된 것이다. 이 말은 '기업가 정신'이란 뜻으로 최근 이 단어가 도처에서 자주 쓰이고 있다.

앙트레프레너십이란 새로운 기회를 탐색할 수 있는 능력이나 새 비즈니스를 시작할 수 있는 역량과 기술을 기반으로 한 기업가 정신을 뜻한다. 개인의 가치가 중요해지는 요즘 같은 시대에는 앙트레프레너십을 키우고 그에 걸맞은 피보팅을 시도해야 한다.

이는 자기 전문성을 확고히 하면서도 그를 기반으로 역량의 적용 가능성을 넓혀가는 '커리어의 확장'이 필요하다. 다시 말해 변화의 시대에는 적응력을 키워 현상에 잘 대처하는 것이 관건인 것이다.

그러면 앙트레프레너라는 단어가 우리에게 익숙해지게 된 이유는 무엇일까? 사실 답은 간단하다. 전 세계는 지금 '스타트업 열풍'에 휩싸여 있기 때문이다. 무슨 얘긴가? 사업가의 길이 비록 어렵고 힘들더라도 자신의 길을 스스로 개척해 보겠다는 창업가들이 우후죽순 등장하고 있기 때문이다.

다른 나라도 그렇지만 우리나라 역시 예전과는 다르게 전례 없이 뜨거운 창업이라는 열기가 확산되고 있다. 혁신을 통해 새로운 가치를 창출하는 혁신가라는 의미를 내포한 앙트레프레너는 '창조적 파괴자'라고도 부르는데, 주목할 만한 사례로는 학교의 지원 속에 창업에 도전하는 대학생들과 교수들이 눈에 띈다는 점이다.

창조적 파괴 전략으로 유명한 요제프 슘페터 교수는 혁신은 '세상에 없던 새로운 것을 만드는 것이 아니라 자원의 결합 방식을 바꾸거나 새롭게 조합해 가치를 높여주는 활동'이라고 정의하면서 새로운 결합의 중요성을 강조했다. 어려워 보이는 앙트레프레너십을 정확히 설명하고 있는 것이다.

흔히 "세상의 변화를 읽는다"고 말하는데 이것은 유추를 이해해야한다. 유추(類推)는 새로운 것을 만드는 가장 핵심 사고법으로 알려져 있는데 기존에 있던 것에서 새로운 것을 찾는 것을 의미한다.

가령 어떤 사물을 볼 때 '이것이 무엇이지?'하는 단편적인 생각이 아니라 '이것이 무엇이 될 수 있을까?'에 착안하는 사람이 새로운 것을 만들어낼 수 있다는 것이다. 이는 결과적으로 앙트레프레너, 즉 기업가 정신의 핵심 키워드로서 '혁신'인 것이다.

대 사직(大 辭職)과 자영업의 시대

앙트레프레너 현상을 이해하기 위해 다른 나라의 사례를 살펴보자. 미국은 코로나 팬데믹 이후 직장에서 사직하는 퇴사 열풍이 불고 있다고 한다. 이른바 대 사직(大 辭職)으로 불리는 현상이다. 대거 직장을 그만둔 그들이 창업전선으로 뛰어들면서 '자영업

전성시대'가 열리고 있는 것이다.

〈월스트리트 저널(WSJ)〉에 의하면 2021년 10월 미국 전체 근로자 중 자영업자가 차지하는 비중이 5.9%로 11년 만에 최고치를 기록했다고 보도했다. 미국의 자영업자 수는 우리나라와는 비교할 정도는 아니지만 10월에 기록한 944만 명은 2008년 글로벌 금융위기 이후 최다 기록을 갱신한 것이다.

그런 흐름을 반영하듯 2021년 10월까지 미국 국세청(IRS)에 신규 사업자로 납세자 식별번호(TIN)를 신청한 건수는 454만 건으로 코로나 전인 2019년 같은 기간보다 56% 급증한 수치라고 한다.

어쨌든 미국은 코로나19로부터 벗어난다는 엔데믹(Endemic)의 영향으로 줄퇴사 사태가 발생하고 있다. 코로나19로 인해 인원 감축을 우려했던 상황도 잠시이고 이제는 줄퇴사 사태를 걱정해야 하는데 이는 수치로도 나타나고 있다.

미국인들은 2022년 3월 한 달에만 500만 명 가까이가 사표를 던졌다고 하니 '거대한 퇴사(대 사직, Great Resignation)'라는 말이 상황 설명에 적절해 보이기까지 한다.

신조어까지 나올 정도로 직장에 사표를 던지고 있는 미국인들이 창업으로 진로를 틀면서 '자영업 전성시대'가 열리고 있는 것이다. 이렇게 급증한 신규 사업자의 대다수는 소규모 자영업체였으며 이에 대해 〈월스트리트 저널〉은 '코로나19가 미국인들에게 기업가 정신을 일깨웠다'고 진단했다. 바람직한 것으로 평가한 것이다.

결국 퇴사 후 창업이라는 거센 바람의 영향으로 자영업자가 급증하면서 최근 미국 기업의 구인난이 가중되고 있다는 전언이다. 코로나 팬데믹 전과 비교할 때 취업자는 3% 감소한 반면, 자영업자는 6%가 늘었다는 것이다.

거센 열풍으로 표현된 자영업에 미국인들이 뛰어드는 이유 역시 우리와 대동소이하다. 예컨대 유연근무 선호, 일과 삶의 균형 추구, 코로나19 감염 걱정 등이 꼽히며, 주식 및 암호화폐 투자 성공으로 전업 투자자가 된 경우도 급증했다.

또한 회사를 떠나서도 생계를 유지할 수 있는 다양한 플랫폼이 등장한 것 역시 진로 변경에 큰 영향을 미쳤다는 분석이다. 인스타그램, 유튜브, 틱톡 등에 콘텐츠를 올려 수익을 창출하는 길도 열렸고, 프리랜서를 위한 플랫폼도 늘어남으로써 창업이라는 흐름에 기름을 뿌린 것이다. 창업이 어색하지 않은 것이다.

이렇게 본다면 거대한 퇴사, 즉 내용적으로는 대 사직(大 辭職)으로 불리는 게 더 편하게 와닿는 Great Resignation도 결국 코로나19 사태를 거치며 일자리가 재편되는 과정을 설명하는 용어이다. 그렇지만 대 사직 현상은 일자리가 없는 무직 상태나 은퇴 자체가 늘어난

게 아니라 이직(離職)이 활발하기 때문에 생긴 현상이다.

예컨대 미국 노동부 발표에 따르면 노동시장에서 자발적 사직자 수는 지난 2021년 9월 440만 명으로, 미국 정부가 관련 통계를 작성하기 시작한 이래 가장 많았다고 한다.

〈뉴욕타임스〉 등 주요 외신들의 평가를 보면 '베이비붐 세대가 정년퇴직을 앞당겨 은퇴하는 경우를 제외하면 최근 대부분의 자발적 사직은 이직을 하기 위한 것'이라고 하면서 '대 사직을 오히려 대 이직이나 대 전환(Big Shift)이라고 보는 게 정확하다'고 보도했다.

이런 현상은 한국도 예외가 아니다. 한국 역시 대 이직 현상이 나타나고 있다. 고용노동부에 따르면 2021년 3분기의 자발적 이직자은 약 87만 명으로 전년 동기 대비 12%가 늘었고, 앞서 2분기에는 약 85만 6,000명으로 전년 동기 대비 17.7%가 늘었다는 것이다.

이런 대 사직 현상, 즉 자발적 퇴사자가 역대 최대인 것은 지난해부터 전 세계가 비대면 사회에 접어들면서 업종을 불문하고 디지털 전환이 가속화되면서 근로자들의 업무 환경이 바뀌었다는 것을 반증한다. 재택근무를 경험하고 새로운 유망 업종이 떠오르는 걸 목격하면서 일자리를 옮기려는 사람들이 늘어나게 된 것이다.

고용 환경이 급속도로 변하고 있다

이런 창업 러시 현상을 촉발한 건 코로나19 사태로 직격탄을 입은 서비스업과 소매업의 저임금 노동자들이었다.

《포브스(Forbes)》의 정밀한 분석에 따르면 록다운(봉쇄) 시에 식당이나 마트 일자리를 잃었던 이들이 록다운이 풀려도 종전의 일자리로 돌아가지 않는다는 것이다.

서비스업은 여전히 대면 접촉에 따른 감염 위험이 있을 뿐만 아니라 배달과 같은 비대면 직종보다 임금이 낮기 때문이다. 한편으로는 재택근무를 경험한 사무직 근로자도 이직을 택하기 시작했다는 것이 기름을 붓고 있다.

예컨대 영국 BBC는 '집에서 가족과 보내는 시간이 늘어나면서 코로나19 이후에도 재택이 가능한 직장을 찾는 경우가 늘어났'고 하면서 '학교나 직장 혹은 보육기관이 문을 열지 않자 육아 때문에 재택근무로 이동하는 사람들도 있다'고 분석했다.

어쨌든 이런저런 이유로 최근 자발적으로 퇴직한 22~35세의 미국인들을 대상으로 실시한 설문조사에서 응답자의 32%가 근무조건의 개선을 지적하면서 고용주가 주 4일제를 제안했다면 퇴직하지 않았을 수도 있다고 밝혔다는 것이다. 근무 환경과 고용 환경이 급속도로 변하고 있음을 알 수 있다.

이런 현상은 국내에서의 상황도 크게 다르지 않다. 코로나19 사태에 본격적으로 접어든 시점부터 올해 초까지 자발적 이직자 수는 꾸준히 늘어났다. 그런 것을 증명이나 하듯 한 헤드헌팅 관계자는 '코로나19가 막 시작됐을 때는 사람들이 일자리를 잃을까봐 이직 신청을 주저했지만 코로나19 1년이 지나자 오히려 늘어나는 추세다'라고 진단했다. 고용 환경의 변화를 반영한 것이다.

코로나19를 거치면서 IT업계 위주의 스타트업이 급성장하자 디지털 전환이 가능한 유망 직종으로 이직하는 경우가 눈에 띄게 늘어났다. 시중은행이나 증권사에서 핀테크, 인터넷 은행업체로 대규모 이동이 일어난 게 대표적인 예다.

이렇게 과정이야 어찌되었든 재택근무가 확산되면서 자신이 선호하는 근무 형태를 찾아가는 이직자도 늘어나고 있는 것이다.

이런 트렌드를 반영하듯 어느 스타트업 회사는 '워케이션(휴양지에서 하는 원격 근무)을 하겠다고 발표하자 일주일에 두 명씩 다른 회사에서 이직을 해오고 있다'고 한다. 이는 원하는 장소에서 원하는 때에 일하는 프리랜서를 선호하는 근로자가 늘고 있다는 반증이다.

결국 디지털 전환과 코로나 팬데믹의 영향으로 재택근무를 찾아 이직을 고려하거나 아예 창업을 하는 추세는 하나의 대세이다. 정리하자면 이렇다. 자기가 원하는 직장에의 취직은 쉽지가 않고, 대세에 따라 창업을 하지만 자영업 창업은 까딱하면 빚만 지게 될 정도로 실패 가능성이 높은 것도 사실이라는 점이다.

그러나 힘든 시대라고 해서 그 자리에 머물 수는 없다. 성취를 위해서는 잘 준비해서 리스크를 줄이며 멋진 앙트레프레너에 도전해야 하는 시기임은 분명하다. 부자의 꿈이 있다면 더욱 그렇다.

삶에서의 행복과 돈에의 조화

연금술사   사람들의 이기심은 돈 문제에 부딪치면 절정에 이르게 됩니다. 흔히 "열심히는 됐고, 부자는 되고 싶다"고 말합니다. 그럴 수 있습니다. 솔직히 말해 열심히만 한다고 돈을 많이 버는 것이 아니고 부자가 될 수 있는 것 또한 아니지요. 만약 열심히 산다고 모두 부자가 되었다면 이 세상은 이미 공평하게 모두가 부자가 되었을 것입니다.

예컨대 시골에서 농사를 지었던 부모님 세대는 아침부터 밤늦게까지 정말 열심히 사셨지만 부자로 은퇴하지 못했습니다. 그런 경험으로 얘기할 수 있는 것은 열심히 살면 먹고사는 문제는 해결될 수 있겠지만, 정말 부자가 되기 위해서는 열심히 사는 것만으로는 부족하다는 것이지요. 그렇다면 역설적으로 열심히 안 해도 부자가 되어야 하는 것이겠지요.

왜 이런 결과가 야기되는 것일까요? 여러 가지 이유가 있겠으나 우선 '방향성이 옳지 않기 때문이다'라고 할 수 있습니다. 가령 열심히 사는 사람들의 특징은 부지런함이 모든 것을 해결해주는 것으로 받아들이지요. 일의 양을 늘려 부자가 되려 하지만 예전과는 달리 일과 저축을 통해 부자가 되는 데에는 한계가 있습니다. 돈이 돈을 벌어다주는 시대이기 때문이지요.

더 악성인 것은 그렇게 바쁘게 열심히 일하다 보면 돈이 일하게 하는 방법을 배우지 못한다는 것입니다. 결국 투자나 시장에서 움직이는 돈의 흐름에 신경을 쓰지 못하는 것이지요. 그렇게 되면 돈을 모으는 방법도, 약간 모아놓은 돈을 불리는 방법도 배우지 못하고 인생은 끝나버리지요.

이쯤에 이르면 아침부터 밤늦게까지 열심히 일한 죄밖에 없는데 인생이 너무 억울하지요. 사실 돈을 많이 번다고 부자가 되는 것도 아닙니다. 이 말은 부자가 되기 위해서는 많이 버는 것도 중요하나 쓰고 불리는 것, 이른바 돈을 잘 관리해야 하는 것을 뜻하지요.

어쨌든 부자가 된다는 것은 방향을 제대로 잡고 돈의 속성을 아는 것부터 시작해야 합니다. 그래야 '나만 빼고 다 부자야', '돈은 나만 피해 가는 것 같다'라는 자학의 소리를 하지 않게 되지요.

이때 주의할 점이 있지요. 씀씀이가 크고 사치가 늘면 더 많은 돈을 벌어야 하지만 내 주머니에 들어오는 돈은 일정한 수준을 넘기가 힘들지요. 그래서 돈을 어느 정도 벌지만 부자 소리를 듣지는 못합니다. 또 부(富)는 삶의 목적이 아니라 도구라는 표현을 하는데, 이는 부자가 된다고 해서 반드시 행복해지는 것도 아니라는 의미지요. 행복이 반드시 돈과 비례하는 것은 아니며 성공의 결과라기보다는 '성공에 이르는 길'이라 할 수 있지요.

그렇기 때문에 "성공한 사람이 행복하다기보다는 행복한 사람이 성공하는 것이다"라는 말은 새겨들어야 합니다. 이는 결국 행복과 돈의 조화를 잘 관리하라는 뜻이지요. 부자가 되고 정상에 오르는 것에 목표는 두지만 과정을 중시하는 것, 말하자면 내딛는 발걸음 하나하나를 즐기면 힘들지 않고 나아갈 수 있다는 표현 아니겠습니까?

 행복과 돈에의 조화, 정말 중요하지요. 인생이라는 삶의 과정에 군말이 필요 없는 해답이라고 할 수 있겠군요.

사실 예전에는 사회생활을 하는 데 어떤 패턴 같은 것이 있었지요. 직장생활을 예로 든다면 학교를 졸업하고 입사 후, 평사원에서 시작 대리, 과장 등의 순으로 한 단계씩 밟아 올라가는 것이 수순이었지요. 다행히 운이 따라주면 이사(理事)도 하고 상무, 전무도 할 수 있었지요. 그렇게 하다 보면 어느새 정년을 맞이하게 됩니다. 흔히 얘기하는 FM, 즉 표준적인 인생이지요.

먼 옛날의 얘기처럼 들리지만 그때는 누구나 이런 경력의 사다리를 향해 가는 데 아무런 의심이 없었지요. 마치 사다리를 타고 올라가듯이 기업 체제 내에서 승진만이 성공의 전부라고 생각하는 것, 이른바 '조직형 인간'이 전형이었지요. 그러나 엄청난 불황기와 대량 실업시대를 맞이하면서 더 이상 자신의 직장에만 전적으로 의존할 수 없다는 사실은 명백해졌습니다.

외환위기 전만 하더라도 정리해고란 그렇게 흔한 일은 아니었습니다. 그러나 IMF를 경험하면서 우리는 깨닫게 되었지요. '이 정도인가'를 절감하기 전에 한국 경제는 이미 세계 경제에 깊숙이 연결되어 있음을 알게 되었지요.

이제는 수시로 자신이 갖고 있는 자산을 점검해야 합니다. 내가 가진 것 중에 시장에 내놓을 수 있는 것은 무엇이고, 예전에는 쓸모가 있었지만 이제 더 이상 신선도를 잃어버린 것은 무엇인지를 찾아야 합니다. 과거에는 자산의 감가상각 속도 혹은 반감기는 그다지 걱정하지 않아도 되었습니다.

그러나 이제는 재충전이 수시로, 그리고 규칙적으로 이루어지지 않으면 어느새 자신이 가진 자산은 녹슬어 버립니다. 그리고 도태되는 것이지요. 그만큼 세상의 변화 속도가 빠르기 때문입니다.

이러한 때에도 돈을 많이 벌어 부자가 되는 사람은 등장하고 성공하는 사람과 실패하는 사람은 극명하게 갈립니다. 과연 어떤 차이가 있기에 이렇게 다른 결과를 만들어내는 것일까요? 돈이 많아서 돈을 많이 버는 것일까요, 아니면 머리가 좋아서일까요? 그것도 아니면 운이 좋아서일까요?

물론 이런 요소들이 있다면 좀 더 빨리 성공도 하고 부자가 될 수도 있을 것입니다. 그러나 무엇보다 자신감이 큰 영향을 미칩니다. 사실 사람은 태어날 때부터 자신감을 갖고 있는 것이 아니라는 것을 누구나 잘 알고 있습니다.

오히려 후천적인 노력에 더해 환경, 준비, 경험, 그리고 문화에서 생성되는 것임을 이해해야 합니다. 인정하기 어렵겠지만 성공과 부자라는 분야만큼 우생학이 별로 영향을 미치지 않는 분야도 없습니다.

물론 자신감이 넘친다고 다 성공하는 것은 아니지만 큰 성공을 이룬 사람들은 모두 자신의 능력을 확신하고 자신감에 넘칩니다. 그들은 자신의 분야에서 성공할 수 있다고 굳게 믿으며, 자신이 가진 모든 능력과 에너지를 동원해서 눈앞의 장애물을 걷어내고 곧장 성공으로 나아갑니다.

우리는 종종 별로 대단한 능력이 있을 것 같지도 않은 사람이 성공하는 경우를 직면하고 박수를 보내기도 합니다. 대부분 사람들은 자신보다 훨씬 안 좋은 상황에 처한 사람이 모두의 예상을 깨고 성공한 것을 목격했을 때 축하의 박수를 보내기도 하지만 한편으로는 '운이 좋았다'거나 '부정한 방법이었나?'라고 생각하기도 합니다.

그러고는 왜 자신에게는 그러한 '운'이나 '신의 가호'가 내리지 않는지 대상도 정확치 않은 원망을 하기도 합니다. 하지만 그의 진짜 문제는 자신의 능력을 믿지 않고 의심하는 것입니다. 그러므로 지금부터라도 자신감을 키우고 정진한다면 성공과 부를 거머쥘 수 있습니다. 이 부분에서 강력한 선물을 하나 드린다면 '부자가 되는데 늦는 경우는 결코 없다'는 점입니다.

적자(適者)는 생존 자체로 정의된다

"신(新) 다위니즘에서는 살아남는 것이 적자(適者)이며
이는 반드시 강자라는 의미는 아니다.
적자가 왜 적자인가는 생존 자체로 정의되는 것이다."

예전의 삶으로 돌아가기를 갈망하는 많은 사람들의 기대와는 달리 이제는 팬데믹이 끝나도 더 이상 과거로 회귀하기는 어려워졌고, 감기처럼 코로나19와 함께 살아가야 한다고 전문가들은 말한다. 말하자면 예기치 않게 비정상이 정상이라는 뉴노멀의 시작을 뼈아프게 깨닫고 있는 것이다.

그 결과 아주 기이하고 어색한 일들, 가령 사회적 거리두기, 마스크 착용, 외식이나 야외활동 제한, 방역 패스 등과 같은 특별했던 일들이 우리의 평범했던 일상을 잡아먹고 말았다. 그 결과는 사람을 만나는 것이 가장 두려운 일이 되었음을 경험했고, 그로 인해 인간미나 인정은 사막처럼 메말랐음을 뼈저리게 느끼곤 했다.

더 힘들었던 것은 이런 암울한 일상이 언제쯤 나아질 것인지에 대한 기약을 할 수 없는 것이었는데, 불안한 점은 코로나19를 극복해도 유사한 상황이 다시 재연될 수도 있다는 것이다.

이뿐만이 아니다. 인류의 삶에 엄청난 영향을 준 팬데믹으로 인해 눈부신 기술의 발전을 이룩한 것은 좋은 현상일 것이나 그 반작용으로 직장과 직업 자체의 변화도 예측불가의 방향으로 몰려가고 있다는 것이다. 그리고 그 피해는 서민들의 몫이라는 것이 문제다.

신(新) 카스트 시대가 도래하고 있다

유명한 경영컨설팅 회사인 맥킨지는 2021년에 펴낸 보고서 〈코로나19 이후의 직업의 미래(The Future of Work After COVID-19)〉에서 '2030년까지는 16명의 근로자 중 1명은 (일자리가 사라짐으로써) 직종을 바꿔야 한다'고 주장한다. 이 수치는 코로나19 이전에 예측한 수치보다 25% 더 높은 것이다.

이 말을 해석하면 직종에 따라서는 예전처럼 직장에서 일하고 안정적으로 월급을 받는 것 자체도 점점 어려워질 수 있음을 암시한다.

이러한 예측에 덧붙여 더 충격적인 주장은 코로나19로 인해 계급의 분화가 심화되어 '신(新) 카스트 시대'의 도래를 앞당기고 있다는 분석이다. 카스트는 계급제도로서 인도 사회에서 수천 년간 주로 종사하는 직업과 관계있는 위계질서로서의 역할을 해왔다.

이들은 신의 뜻을 전달하는 승려계급인 브라만, 정치인과 군인·귀족 등의 크샤트리아, 농업·상업 등에 종사하는 일반 서민의 바이샤, 피정복민과 노예 등의 수드라인데, 지금이야 물론 명문화되어 있지는 않지만 현재도 암묵적으로는 카스트가 작용한다고 한다. 과거의 유물인 이런 카스트 제도가 요즘 새롭게 등장할 정도라고 하면 현실이 어렵다는 확실한 반증이다.

결국 우리가 인정하고, 안 하고에 관계없이 마태효과를 극복하고 위너가 된다는 것이 쉽지 않다는 의미이다. 그러나 아무리 상황이 엄중하고 현실이 어렵다고 해도 카스트 시대라는 엄혹한 과거로 되돌아갈 수는 없다. 그렇지만 분명한 것은 이런 현실에서 생존하기 위해서는 심기일전해야 한다는 것이다.

시대에 뒤진 계층 분화가 심화하고 있다는 것인데 이는 앞에서 본 여러 가지 문제와 비교해 심각성 면에서 절대 뒤지지 않는 사회 변화 현상이 계급사회로의 진전이라고 볼 수 있다. 이는 연쇄적인 계층 분화를 통해 계급사회로 이끄는 이른바 '신 카스트 시대'의 도래를 앞당기고 있다는 주장이다.

가령 빌 클린턴 대통령 시절 미국 노동장관을 역임한 로버트 라이시 교수는 '코로나19가 미국의 계급 분열을 심화시켰다'며 그것을 뒷받침하기 위해 4가지 계급을 정의했다.

첫 번째는 주로 전문직인 '원격 노동자(The Remotes)',

두 번째는 군인, 경찰, 소방관 등의 '필수 노동자(The Essentials)',

세 번째는 실직, 무급휴직 중인 '임금을 받지 못하는 노동자(The Unpaid)',

네 번째는 노숙인, 이민자 수용소 등의 '잊혀진 노동자(The Forgotten)' 등이다.

이런 주장은 사람들이 코로나19의 신음 속에 고통받을 때 그런 재앙을 기회로 천문학적인 이익을 챙긴 사람도 늘어남으로써 결국 코로나19가 가진 자와 갖지 못한 자 사이에 선명한 선을 그었다는 것이다. 그런데 더 악성은 이런 카스트 시대가 코로나19로부터 시작되었지만 코로나19 극복과 관계없이 더 심화된다는 것이다.

사실 다위니즘은 진화론의 다윈 사상에서 유래, '적합한' 개체만 살아남는다는 주장이 원론이다. 변이는 우연적으로 일어날 뿐이며 환경에 적합한(적응한) 개체들만이 후손을 만들어 다음 세대로 이어질 수 있다는 것이다.

이때 살아남는 것이 적자(適者)이며 적자는 반드시 강자이거나 승자를 말하는 것은 아니다. 그러므로 적자가 왜 적자인가는 오직 '생존' 자체로 정의되는 것이다. 이렇게 본다면 작금의 상황을 '신(新) 다위니즘'으로 작명하여 부르는 것이 일면 이해는 된다.

지금까지의 내용을 정리하면 이렇다. 코로나19 이후 더욱 심화된 디지털 문명의 확산은 모두의 일상을 바꿔버렸고, 이제는 표준 자체가 바뀐다는 뉴노멀 시대로 가고 있다.

지구촌 각국의 사망자와 감염자 중의 상당수가 유색인종, 저소득층, 고령자, 외국인 노동자 등 취약 계층이다. 이들은 실직, 주거난 등에 이어 경제적 타격도 다른 계층에 비해 심하게 받고 있다.

이런 신음소리 낭자한 가운데서도 천문학적 이익을 챙긴 부유층은 바다 위의 호화 요트, 최첨단 지하 벙커, 외딴 섬 등에서 안락한 도피생활을 즐기고 있다.

더욱 도덕적인 해저드는 경기가 더 나빠질 것에 돈을 걸어 천문학적 이익을 본 투자자도 많다는 점이다. 말하자면 모두를 희생자로 자기만 엄청난 돈을 번 것이다.

이런 결과로 전 세계적으로 양극화 문제가 더욱 심각해지고 있다는 지적은 너무 많이 들어서 참신한 소식도 아니다. 더구나 사다리에 올라타지 못한 대다수의 많은 사람들에게는 현재가 참으로 어려운 때임이 분명하다. 그렇다고 미래가 밝아 보이지도 않는다.

그러면 무엇을 어떻게 해야 하는 걸까?

지금부터라도 심기일전하여 뉴노멀 시대에 적응해 나감으로써 결국에는 살아남아 '신(新) 카스트 시대'를 대비해야 한다. 다른 한편으로는 어떻게 하든 '신(新) 다위니즘의 승자'가 되어야 한다. 이미 상층부까지 오른 사람들이 못 오르도록 밀어내는 '사다리 걷어차기'를 극복하고 그 사다리를 비집고라도 올라야 하는 것이다.

미래는 희망보다는 비관적인 세상일까?

지금까지 살펴본 내용만으로도 평범한 사람들이 살기에 빡빡한 세상임을 부인 못할 사실이다. 다른 나라는 관두고 우리나라만 봐도 희망보다는 비관적인 상황이 계속되는데 그것은 왜일까? 어떻게 해야 하는 것일까?

그것은 한국 사회의 현재 좌표에서부터 답을 찾아야 할 것이다. 한국은 고도성장의 성장형 모델, 즉 60여 년의 팽창 모드(1961~2019년)로부터 저성장의 수축형 모드로 빠르게 진행되고 있다. 이런 수축 지향 사회는 예전에 겪어보지 못한 역피라미드 형태의 인구구조(인구 급감에 따른 수요 감소)와 생산성 향상에 따른 공급 과잉으로부터 진행되고 있다.

이 중에서도 '인구 감소 내리막길에 브레이크가 없다'는 표현처럼 인구 감소로 생산 가능 인구가 줄어드는 것은 우리나라가 걱정해야 하는 본질적인 문제이다. 더구나 이런 인구 내리막길은 해결책이 뾰족하지 않다는 것이 더 심각하고, 정책을 펴야 하는 사람들 역시 먼 산 쳐다보듯 하는 자세를 보이는 게 더 큰 문제다.

어쨌든 약간의 노력과 약간의 자본만으로도 무엇이든 돈을 벌 수 있었던 고도성장의 팽창 사회로부터 '너 죽고 나 살자 식'의 제로섬 사회를 거쳐 인구 감소와 로봇 기계의 투입에 따른 공급 과잉과 수요가 감소하는 수축 사회로, 더 나아가 AI와 4차 산업혁명 사회로 진행되고 있다. 이런 발전된 첨단 사회로의 진전에서 개인은 생존 전쟁에 내몰릴 수밖에 없는 것이다.

우리 내부와 같이 설상가상으로 대외 경제와 선진 국가들 역시 동반 수축형으로 진행되고 있다. 더구나 코로나19와 4차 산업혁명으로 촉발되는 산업생태계의 상상을 초월하는 변화와 가장 핫이슈인 미·중 패권 대결 등에 우리 역시 큰 영향을 받는다. 작금의 시대가 변화의 시대가 아닌 전환의 시대로 새로이 자리매김해야 하는데 현실은 그렇지가 않다는 것이다.

그렇다. 사회 발전상 수축 사회로 야기되는 문제들로 인해 일부를 제외한 많은 사람들의 삶이 어려워지고 살기가 힘들어지면서 현재의 한국 사회를 지옥이라고 말하는 것이 이해도 된다. 그런 점에서 젊은 사람들의 '헬조선' 내지는 '이생망'이라는 표현 역시 본질에서는 같은 것이다.

더 악성인 것은 개인의 입장에서만 보면 앞으로의 한국이 희망보다는 비관적인 세상이 기다리고 있다는 암울한 전망이 넘쳐난다는 것이다. 일부러 비관적인 전망을 하는 것이 아니라 사회가 발전하면서 위험 사회가 되든, 환경비용 사회로 가든 우리 세대의 끝에는 안타깝게도 지금보다 더 나은 삶의 모습이 보이지 않는다는 것이다.

나라는 부자가 되고, 일부 잘나가는 사람들에게는 살기 좋고 불편하지 않겠지만 양극화의 심화, 부익부빈익빈의 진전으로 인해 절대다수에게는 힘든 삶이 기다리고 있는 것이다. 모두가 더불어 잘살아가는 유토피아는 존재하지 않는 것이다.

그러면 '모든 표준이 다 바뀐다'는 시대의 명제, 이른바 새로운 표준이라는 뉴노멀(New normal)과 '모든 것을 바꿔야 한다'는 그레이트 리셋(Great Reset)의 대응에서, 또 인공지능이 세상의 주인이 된다는, 듣기만 해도 겁나는 이 빠른 시대의 흐름 속에서 제대로 생존하고 존재감을 가지려면 어떻게 해야 하는 것일까?

먼저 냉철하게 현실을 점검하고 그동안 익숙했던 삶과 사고방식에서 벗어나 엄혹한 현실에 적응해야 한다. 물론 그런 혁신적인 처방에 거부감도 가질 수 있고 '말은 쉽지' 하는 냉소도 있을 수 있겠으나 그렇게 생각하든 말든 세상은 개인에게 변화와 혁신에 능동적으로 대처할 것을 강요하고 있는 것이다.

2장

창직(創職)의
핫스폿을 잡아라

"돈이 필요할 때마다 물지게로 물을 나르는 것이

노동소득이라고 한다면

강에서 마을까지 파이프로 연결하는 라인을 설치하는 것이

자본소득이다."

단기간에 부자가 되는 방법

연금술사 인생을 바꿀 기회가 있기는 한 것인가? 사람들은 '운명을 바꿀 기회가 일생에 세 번'이 있다고 합니다. 물론 그 기회라는 것은 사람마다, 추구하는 가치에 따라 다를 것입니다. 어떤 사람은 '이번 시험'에서의 합격을 생각할 수도 있으며, 운동선수라면 우승일 수도 있고, 영화배우라면 1,000만 관객 영화의 주인공일 수도 있을 것입니다.

그러나 일반인이라면 보편적으로 재정적인 능력을 원할 것입니다. 많은 돈을 벌어서 폼나게 살고자 할 것입니다. 예컨대 삶의 여유를 바탕으로 여행과 취미 활동을 즐기고, 자기가 하고 싶은 것들을 하면서 잠자는 동안에도 수익이 창출되어 통장에 차곡차곡 돈이 쌓이는 행복한 꿈을 꿀 것입니다.

이런 보통 사람들의 행복한 꿈의 성취를 위해 《돈, 뜨겁게 사랑하고 차갑게 다루어라》는 책을 쓴 앙드레 코스톨라니는 부자가 되는 이야기를 해줍니다. 워낙 투자를 잘해 돈도 많이 벌어서 유럽의 워런 버핏, 주식의 신이라고 불리는데 그는 단기간에 부자가 되는 방법으로는 4가지가 있다고 합니다.

① 부자로 태어날 것 : 금수저를 물고 태어나라.

② 부자와 결혼할 것 : 부유한 배우자를 만나라.

③ 자기 사업을 할 것 : 유망한 비즈니스를 하라.

④ 투자를 할 것.

물론 4가지 모두 문제는 있습니다. 부모는 선택할 수 없으니 1번은 진작에 글렀고, 3번, 4번은 밑천이 있어야 하지요. 어쨌든 그의 말대로 하면 부자로 태어나거나 부자와 결혼하지 않고 부자가 될 수 있는 방법은 현재 상태에서는 많이 양보해도 사업 아니면 투자라는 말이 됩니다.

하지만 사업은 망할 리스크가 많고 접근성 또한 높지 않습니다. 그나마 사업 다음으로 개인이 부자가 될 수 있는 방법은 '투자'라는 얘기가 되는데 코로나19, 미·중 무역전쟁, 자원분쟁, 러시아와 우크라이나 전쟁, 기준금리 인상 등 변동성이 큰 시장 상황 탓에 투자로 돈을 번 사람보다는 잃었다는 사람이 훨씬 많은 것이 현실입니다.

부자가 되는 것이 만만치 않다는 뜻이고, 그런 바탕에서는 세 번이 아니라 열 번의 기회가 와도 그 찬스를 살리는 것은 쉬워 보이지 않지요. 그렇기 때문에 사람들은 자기에게 이런저런 기회를 잡을 일이 있었지만 놓쳤다면서 그 놓친 기회를 아쉬워하며 구구절절한 사연까지 들려주는가봅니다.

백만장자 재미있네요. 운을 살리는 얘기도 그렇지만 결국 부자가 되는 것이 만만치 않다는 것을 우회해서 설명하는 것 같군요. 앙드레 코스톨라니에게서는 저도 많이 배웠지요. 사실 부자가 되려는 생각을 했으니 당연히 여러 대가들의 책을 읽고 비즈니스에 응용함으로써 지금은 부자 소리를 듣게 되었죠.

앙드레 코스톨라니의 부자되는 방법을 잘 들었으니 저는 로버트 기요사키 얘기를 해볼까요. 고백하자면 두 분으로부터 많이 배웠으니 저에게는 선생님들인 셈이네요. 어쨌든 세계적인 베스트셀러 《부자 아빠 가난한 아빠》로 유명한 로버트 기요사키는 사업의 본질에 대해 이렇게 얘기하고 있죠.

"내가 없어도 되는 사업을 하라. 주인은 나지만 사업체는 다른 사람들이 운영하거나 관리한다. 내가 거기서 일해야만 한다면 그것은 사업이 아니다. 내 직업이 되는 것이다. 시간을 갖고 투자를 해서 자기 사업을 구축하면 이제는 그 요술 방망이를 사용할 수 있게 된다. 이것이 부자들이 갖고 있는 최대의 비밀이다. 부자들을 점점 더 부자로 만드는 비밀이다. 시간을 갖고 부지런히 자기 사업을 한 결과 찾아오는 보상이다."

지금 언급하고 있는 글들을 읽어봄으로써 간접적으로나마 부자들의 비밀을 엿볼 수 있습니다. 사실 최고의 보상을 받으려면 최고가 되어야 하는 것은 당연합니다. 중요한 것은 최고가 되려면 계속 배워야 한다는 것이지요.

많은 사람들과 대화를 나누다 보면 부자는 계속 배우면서 발전해 가는 것이 체질화되어 있는 반면, 가난한 사람은 이미 다 알고 있다고 말하지요. 흔히 '다 안다 병'인데 결코 부자가 될 수 없는 가장 위험한 문장을 고르라면 바로 '나는 다 알고 있다'는 것이지요. 장담하건대 '다 안다 병'에 걸린 사람은 부자가 아닐 것입니다.

만약 누군가가 부자도 아니고 행복하지도 않다고 생각한다면 그는 돈과 성공과 인생에 대해 배워야 할 것이 아직 많이 남아 있다고 받아들이면 됩니다. 진부하게 들릴 수도 있으나 인간 사회는 살아가는 모든 것에서 성공하는 법을 배울 수 있습니다. 특히 돈에 관해서는 더욱 그렇습니다.

말할 필요도 없이 부자가 되고 싶으면 부자가 되는 방법을 배우면 됩니다. 이때는 어떤 조건이 필요한 것이 아니라 배울 의지가 있느냐가 중요합니다.

가령 부자가 된다는 것은 단순히 돈이 많아지느냐의 문제가 아니라 어떤 사람이 되느냐의 문제라고 볼 수 있습니다. 바꿔 얘기하면 자기에게 많은 돈이 주어질 때 그것을 담을 그릇이 되느냐가 중요한 것입니다. 부자가 되어 계속 부자로 사는 지름길은 스스로를 계발시켜 나가는 것입니다. 그래서 공부가 필요한 것이고, 그 공부로 인해 자신을 계속 성공한 사람으로 발전시켜 나가는 것입니다. 말씀드리려는 요지는 이렇습니다.

"겉으로 드러난 결과는 열매일 뿐 그 뿌리는 자신이다."

이렇게 본다면 돈 역시 다른 부문처럼 외부에 보여지는 모습은 자기의 내면 세계를 비춰주는 거울에 불과하다는 것입니다. 그래서 일까요. 어떤 분들은 하소연합니다. 자기는 책도 부지런히 읽고, 뭐든 열심히 배우고, 나름대로 노력도 하고 있으나 부자가 되는 것은 너무나 먼 나라 얘기 같다고 말입니다. 그러면서 '능력과 노력이 부족했던 것일까?'라며 자학을 하기도 합니다.

과연 노력과 능력이 부족해서일까요, 아니면 다른 이유가 있는 것일까요?

이 부분에 대해서는 《부자의 사고 빈자의 사고》라는 책의 저자인 이구치 아키라의 의견을 경청할 필요가 있습니다.

그는 책에서 진짜 부자가 된 사람과 가난한 사람의 가장 큰 차이는 바로 '사고(思考)의 차이'라고 진단합니다. 부자와 빈자를 나누는 것은 능력, 노력 등도 중요한 요소이나 더 근본적으로는 사고, 즉 생각의 뿌리가 다르다는 것이죠.

만약 당신이 한 종목에만
몰빵을 한다면

"워런은 천재다. 그는 모든 것을 매우 단순하고 명쾌하게 설명하기 때문에
사람들은 그가 무엇을 말하는지 정확하게 이해할 수 있다."

해마다 봄이 되면 미국 네브래스카주 오마하에서는 자본가들의 록 페스티벌이라 불리는 버크셔 해서웨이 주주총회가 열린다. 코로나19로 3년 만에 개최된 2022년 총회는 지난 4월 30일 오마하의 CHI헬스센터에서 진행되었다.

흔히 '금융인들을 위한 우드스톡(Woodstock for Capitalists)'이라고 불릴 정도이니 돈 많은 부자들과 돈을 많이 벌어서 큰 부자가 되려는 사람들이 주로 참석하는 것으로 알려져 있다.

행사의 주빈은 워런 버핏인데 그에 대해서는 굳이 부연설명이 필요 없을 만큼 유명하다. 투자만으로 미국 최고의 부자가 되었을 뿐 아니라 미국 역사상 가장 위대한 투자자 중 한 명으로 그의 고향 이름을 따서 '오마하의 현인'으로 불린다. 1930년생이라고 하니 한국

나이로는 93세인데 지금도 왕성히 활동한다.

행사의 하이라이트는 워런 버핏 회장과 찰리 멍거 부회장 등이 직접 참석하는 투자자와의 질의응답 시간이다. 그가 무슨 얘기를 하는지, 어떤 철학으로 투자를 하는지 등의 1문 1답은 부자가 되려는 사람들에게는 한마디도 놓칠 수 없는 큰 선물이고 그런 얘기를 듣고자 행사에 참석하는 것이다.

드디어 질의응답 시간이 되었고 한 소녀가 일어나 워런 버핏에게 물었다. 어찌보면 당돌한 질문을 한 것이다.

"만약 당신이 한 종목에만 몰빵을 한다면 어떤 선택을 하실 건가요?"

가뜩이나 뜨거운 열기가 넘치는 행사장에 그 엉뚱한 것 같은 질문은 장내를 일순간 폭소의 도가니로 만들었다. 세계 경제가 어떠니, 인플레이션의 영향이 어떠니 하는 근엄한 내용을 다루는 행사장에서 젊은이답게 자기가 알고 싶은 것을 직선적으로 물었던 것이다.

사실 '하나만 찍어주세요'라기보다는 역대급 인플레이션 시대를 이길 수 있는 것과 그 이유를 알려달라는 것이 질문의 요지였을 것이다. 그러므로 그 자리의 모든 사람이 관심을 가질 주제였다.

이윽고 폭소가 진정되고 자리가 정리되자 워런 버핏이 마이크를 잡고 진지하게 답변을 한다. 요지는 가장 좋은 선택과 최고의 투자는 자신의 발전이고, 성장이라는 것이다.

"내가 한 종목 몰빵보다 더 좋은 말을 해줄게요(Well I'll tell something even better than that one stock). 당신이 할 수 있는 최선은 어떤 일에서 그 일을 특별히 잘하는 것이지요. 자신이 좋아하고, 잘하고, 사회에 도움이 될 수 있는 일을 특출나게 잘하면 돼요. 그것을 얻기 위해 사람들은 더 많은 돈을 들고 찾아올 것이며, 자기가 가진 걸 뭐든지 주려고 할 것입니다."

자기에게 투자하는 것이 최고의 투자이다

결국 답변의 핵심은 어떤 일을 특별하게 잘하는 것, 자기 자신의 발전과 자기에게 투자하는 것(Develope yourself)이야말로 단연 최고의 선택이라는 것이다. 베스트 투자는 인생을 투자하는 것이 아깝지 않도록 자기만의 무기를 만들어야 한다는 강조였다. 이런 충고와 관련해서 부연설명도 덧붙였다.

"자기 자신이 능력이 있다면 다른 이에게 도움을 줄 수 있을 것입니다. 도움을 받은 이들은 자신이 갖고 있는 것 중에서 당신에게 줌으로써 교환을 할 수 있을 것이고요. 이때 당신 스스로가 능력을 갖고 있다면 다른 사람들은 이를 절대 빼앗을 수가 없을 것입니다. 이것은 변동성도 없고 내가 통제할 수 있기 때문에 결국 자기 자신에게 투자하는 것이 가장 현명한 투자인 것이지요. 꼭 기억할 것은 어떤 일을 하더라도 특별히 잘하는 것이지요."

지금껏 투자라고 하면 자연스럽게 주식, 부동산, 달러, 가상화폐 등등만 생각하고 '재테크 공부는 평생해야지'하는 사람들에게도 워런 버핏의 진지한 답변은 의외로 받아들일 수도 있을 것 같다.

그렇지만 워런 버핏이 얘기하는 '자기를 특출난 기술을 가진 사람으로 계발한다'는 것의 숨은 뜻은 예컨대 자기를 입지 좋은 부동산이나 우량주처럼 되라는 것이다. 그리되면 경기의 변화나 수요공급, 개별투자 시에 만나는 각종 리스크, 세금이나 정책, 전염병 혹은 전쟁 같은 외부 요인에 휘둘리지 않고 투자를 할 수 있다는 의미로 해석할 수 있을 것 같다.

이를 투자의 현장에 적용해 보면 가격에 영향을 주는 많은 요인을 '자기'라는 하나의 키워드로 줄인다는 의미가 된다. 오직 내 의지대로 움직이게 할 수 있다는 것이므로 정리하자면 '걸어 다니는 1인 기업'쯤 되는 것이다.

워런 버핏의 충고를 곰곰이 생각해보면 꼭 1등이 아니어도 자기가 속한 작은 사회에서 어느 정도 '희귀성과 경쟁력'을 갖추고 있다면 자기의 가치는 인플레이션이든지 혹은 어떤 급박한 변동성이 찾아와도 안전하게 갈 것 같다. 어쨌든 인생으로나 투자로나 대선배의 가르침을 제대로 해석하면 도약할 때 디딤돌이 될 것이다.

앞으로 나갈 때 어떤 좌표가 있다면 방향을 잃지 않는다. 예컨대 인생길을 걷고 달리지만, 잠시 멈춰 서서 앞서 간 선배들에게 듣는 한마디는 다시 출발할 수 있는 힘이 되는 것이다. 그런 의미에서 다음과 같은 워런 버핏의 투자 조언은 정당성을 갖는다.

"지금까지 가장 좋은 투자는 자신을 계발하는 것이고, 여기엔 세금도 붙지 않고 누가 뺏어가지두 못한다."

성공적인 투자를 위해 3가지를 참고한다

투자만으로 세계 최고의 반열에 오른 워런 버핏은 투자 시에 단 3가지를 참고한다고 한다. 신문과 방송, 그리고 회사가 발행한 리포트이다. 우리나라 투자자들이 그토록 금과옥조처럼 배우고 투자 시에 참고하는 차트 분석 등의 기술적 분석은 별로 참고하지 않는다. 대신 엄청난 독서량의 뒷받침으로 정보를 분석하고 자기 스스로의 원칙으로 투자를 하는 것이다.

의심의 여지없이 워런 버핏은 20세기를 대표하는 미국의 사업가이자 투자가이다. 오마하의 현인, 금융계의 포레스트 검프, 세계 최고의 부자라고 불리는 그는 1957년 단돈 100달러로 투자를 시작해 현재는 무려 440억 달러의 재산을 보유해 세계 최고의 부자 반열에 올랐다. 경쟁이 치열하고 머리 좋은 사람들에 의한 정보싸움의 최정점인 주식시장에서 그가 투자의 귀재로 불릴 수 있는 것은 그만의 이유가 있을 것이다. 혹시 그것을 배울 수 있다면 누구나 원하는 부를 가지려할 때 도움이 되지 않을까?

　우선 관찰되는 것이 독서습관이다. 사실 워런 버핏이 아니라도 성공자들은 책과 친하다. 어쨌든 정보싸움이 치열한 주식시장에서 그가 투자의 귀재로 불릴 수 있는 것은 지독한 독서습관 덕분이다.

　그의 독서습관은 집중 독서와 반복 독서로 정리된다. 어떤 분야를 알아야겠다는 결심이 서면 관련된 자료와 도서를 전부 수집해 집중적인 읽기와 반복해서 핵심을 정리하는 완성읽기를 한다고 한다.

　특히 투자 대상 기업에 관해서는 철저한 정보 수집을 통해 해당 산업을 이해하고 변화의 가능성을 꿰뚫어본다. 그는 이미 16세 때 사업 관련 서적을 수백 권이나 독파한 지독한 독서광인데, 다른 사람들보다 다섯 배나 많은 독서를 한다고 한다. 독서량으로 인한 통찰력이 그의 투자 노하우인 셈이다.

　누구나 자신의 분야에서 정상에 오른 사람이 그렇듯 워런 버핏에게도 독서 외에도 몇 가지 매력적인 점들이 부각된다. 그 역시 자신의 재산을 천문학적으로 불리게 된 것은 커뮤니케이션이 한몫했다고 말한다. 사실 옆에서 들어보면 그의 커뮤니케이션이 무척 쉽다는 것을 알 수 있다. 워런 버핏의 가까운 지인들은 그의 소통 방식에 대해 이렇게 말하고 있다.

"워런은 천재다. 그는 모든 것을 매우 단순하고 명쾌하게 설명하기 때문에 사람들은 그가 무엇을 말하는지 정확하게 이해할 수 있다."

물론 이런 능력도 많은 독서량이 뒷받침되어서 가능할 것이다. 어쨌든 그는 '쉽고 명확하게 설명하라'라고 조언한다. 정확한 충고이다. 어떤 아이디어를 확실히 이해하고 있다면 다른 사람들에게 그 아이디어를 쉽게 설명할 수 있는 것이다. 즉, 말을 어렵게 한다는 것은 자신의 머릿속이 정리되지 않았다는 반증이다.

예컨대 여러 가지 보고서를 쓸 때에도 주의할 점은 쉽고 간결하게 써야 하는 것이다. 자기가 무슨 말을 하는지조차 모르는 것은 남과 소통하지 않기를 원하는 것과 같다.

그의 하루 일과와 성공하는 과정을 보면 '언행일치', 즉 말과 행동이 같음을 알 수 있다. 400억 달러가 넘는 자산을 가진 워런 버핏은 오래된 자동차를 타고 50년 가까이 살아온 집에서 생활하며, 또 그만큼 오래 사용하고 있는 사무실로 출근한다.

오전 8시 30분까지 사무실에 도착하면 그는 아버지가 쓰던 책상 앞에 앉는다. 그 책상 위에는 비서가 가져다준 신문과 잡지들이 놓여있다. 그의 하루가 시작된 것이다. 버핏의 얘기를 들어보자.

"나는 아침에 일어나 사무실에 나가면 자리에 앉아서 책과 신문을 읽기 시작한다. 그 후 여덟 시간 동안 통화를 하고 다시 읽을거리를 가지고 집으로 돌아와 저녁에 또 읽는다."

이렇게 본다면 워런 버핏에게 무엇을 읽는다는 것은 가장 중요한 사업의 절차이자 수단이다. 그렇기 때문에 그는 투자로 큰 부자가 되려는 사람들에게 왜 읽어야 하는지를 말한다.

"끊임없이 읽지 않으면 세상의 변화를 알 수 없으며, 남들과 다른 투자 철학을 만들어낼 수 없기 때문이다."

요행을 바라는 것은 투기꾼이나 할 짓이다

부자들은 대개 투자와 비용의 차이를 확실히 구별한다. 예컨대 골프라는 취미활동을 위해서는 많은 시간과 돈, 그리고 노력을 필요로 한다. 그렇지만 골프를 좋아하는 사람들은 그것을 비용이라고 생각하지 않는다. 일부는 그럴 수도 있겠으나 대개 투자라고 생각하는 사람들이 더 많다. 어디까지나 미래를 위하고 자신의 행복을 위한 투자라고 생각하는 것이다.

그렇다! 자신이 좋아하는 것을 위해 비용을 지불하는 것은 비용이 아니라 투자다. 투자를 사전적으로는 '이익을 얻기 위해 어떤 일이나 사업에 자본을 대거나 시간이나 정성을 쏟는 것'이라고 정의한다.

워런 버핏은 1930년 네브래스카주 오마하에서 사업가이자 투자가의 둘째 아들로 태어났다. 어렸을 때부터 껌이나 콜라, 주간신문 등을 팔았고 할아버지의 채소가게에서 일했으며, 이발소에 핀볼 기계를 설치해 장사를 하는 등 돈을 벌고 모으는 데 관심이 많았다.

11세 때에는 누나와 함께 용돈을 모은 자금으로 주식투자를 시작했다고 한다. 물론 이때는 재미를 못 봤다고 하는데 어쨌든 어렸을 때부터 투자를 몸소 체험했다는 것이다.

그런 바탕이 있었기에 2022년 행사에서 다음처럼 조언하고 있다.

"하나의 고정된 목표를 추구하기보단 자신이 잘하는 것을 알아내는 데 시간을 쓰는 것이 중요하다."

투자의 세계는 고정불변은 아니다. 그것을 잘 알기에 그는 고정된 목표를 추구하기보다 자신이 잘하는 것이 무엇인지 파악하는 데 시간을 투자하는 것이 중요하다고 강조하고 있는 것이다.

그는 26세 이후 고향 오마하를 벗어나지 않고 생활하며 성공적인 투자활동을 계속하고 있다. 시골에 머물면서도 투자를 잘하는 것을 보면 장소가 중요한 것은 아니다. 투자의 귀재답게 그는 주식시장의 흐름을 정확히 꿰뚫는 눈을 가진 것이다. '오마하의 현인'이라는 별칭이 잘 어울리는 행보를 보인다.

그는 기업 가치가 높은 종목을 발굴해 매입하고 오랫동안 보유하는 '매수 후 보유(바이 앤드 홀드)' 전략을 잘 활용하는 것으로 유명하다. 이 전략은 가치투자의 창시자인 벤저민 그레이엄의 영향을 받아서 확립된 전략이라고 한다. 사실 가치투자는 단기적인 시세 차익을 무시하고 기업의 내재 가치와 성장률에 근거한 우량기업의 주식을 매입해 장기간 보유하는 투자 방식이다.

우리나라에서 하나의 투자 패턴으로 자리잡은 '데이트레이딩' 내지는 단타 매매라는 개념이 그에게는 금기시되어 있는 것이다. 물론 시장의 환경이나 단계 등이 다르므로 하나로 고정되는 정답은 없겠으나 다음과 같이 장기투자의 중요성을 강조하는 그의 언급은 새겨들어야 할 조언임은 분명하다.

"10년간 보유할 생각이 없다면 단 10분도 보유하지 말라."

그는 억만장자이면서도 검소한 생활태도를 지니고 있으며 2006년에는 재산의 85%를 사회에 환원하기로 약정하는 등 적극적인 기부활동을 펼치는 것으로도 유명하다. 그는 말한다.

"좋은 집에 사는 것과 좋은 차를 타는 것? 나는 그런 것에 전혀 관심이 없다. 내 관심은 버크셔 해서웨이를 잘 경영해 주주들로부터 신뢰를 얻는 것뿐이다."

이런 확고한 철학으로 무장한 그는 평균 투자수익률이 연 20% 남짓한 수준이고, 연간 투자수익률이 50%를 넘긴 적은 없지만 손해 본 해는 9·11사태가 터진 2001년 한 번뿐이라고 한다.

그의 투자 철학을 엿볼 수 있는 일화가 있다. 워런 버핏과 골프를 치던 한 미국 기업의 CEO가 '이번 홀에서 당신이 2달러를 걸고 티 샷을 해 홀인원을 하면 내가 1만 달러를 주겠다'며 내기를 제안했다. 하지만 버핏은 '그렇게 확률 낮은 내기는 안 한다'라고 하면서 내기를 거부했다. 그러면서 '이길 확률이 없는 것에 요행을 바라는 것은 투기꾼이나 할 짓이지 투자가가 할 일은 아니다'라고 이유를 설명했다고 한다.

이 일화에서 보듯 워런 버핏은 '스스로 옳다고 판단되면 주변의 이야기에 흔들리지 말라'고 충고하는데, 주식투자가로서 그의 투자 원칙은 의외로 간단명료하다.

첫째, 절대로 원금을 잃지 않는다.
둘째, 첫 번째 원칙을 항상 지킨다.

그런 투자 원칙과 함께 워런 버핏이 했다는 다음 한마디는 돈을 벌고 부자가 되려는 사람들에게 좋은 교훈이 될 것이다.

"자기보다 뛰어난 사람을 만나고, 검소하고 겸손하게 살아라."

116

부(富)는 항상 주변부에 있다

연금술사 최근 삶에 열정적인 분들, 자기계발을 충실히 하며 꿈을 이루기 위해 착착 준비하는 분들을 많이 봅니다. 공부도 열심히 하면서 적극적으로 살아가는 이들을 보면 자극도 되고 긍정적인 에너지도 받곤 하지요. 그러나 누구나 열심히 살고 노력도 하지만 그들이 꿈꾸는 부자가 되는 것은 만만치 않습니다. 얼마 전 저는 독자로부터 메일을 한 통 받았습니다. 요지는 이렇습니다.

"저는 누구보다 열심히 살았는데 왜 바뀌는 건 하나도 없을까요? 부자되는 노하우라는 책도 열심히 읽고 새벽부터 눈 비비고 일어나 줌(zoom) 강의도 잘 듣곤 하는데 왜 현실은 이 모양인지? 도대체 무엇이 문제일까요?"

메일을 읽으면서 '이건 아닌데'하는 생각과 '뭐가 잘못된 것인가'를 골똘히 생각하며 마음이 착잡했습니다. 최근 들어서는 내용처럼 "나는 열심히 노력했는데, 결과치는 손에 잡히지 않는다"고 허망해 하고 자책하는 사람들이 너무 많습니다. 메일을 보낸 분에게 좋은 얘기로 답신을 했지만 가슴이 먹먹했습니다.

진부한 얘기지만 열심히만 한다고 부자가 되고 성공하는 것은 아니지요. 그렇다면 메일 내용처럼 "열심히 했는데, 왜 삶은 그 타령인가?"라고 자책하기 전에 왜 그 타령인지 생각해 보는 것이 순서겠지요.

유즘은 코로나19 탓으로 카톡, 밴드, 인스타 등의 SNS와 Zoom을 통한 비대면이 보편화되면서 새벽부터 밤늦게까지 공부하고 정보를 얻는 것이 일상화되었지요. 이 중 가장 핫한 아이템이 '메타버스'더군요. NFT나 메타버스가 들어가는 책이나 강의는 넘쳐나지요. 문제는 많이 읽고, 무조건 강의를 열심히 듣는다고 해서 삶이 크게 바뀌지 않는다는 것입니다.

왜 그럴까요? 그것은 어떤 현상이 있을 때 돈은 그 현상의 중심부가 아닌 주변부에 있기 때문이지요. 유행을 하고 사람이 들끓는 핫스폿에 돈이 모이는 것 같으나 실상 그 돈을 자기 주머니 속으로 넣는 것은 다른 차원인 것이지요.

예컨대 누구나 큰 부자가 될 것처럼 들끓었던 '골드러시'에서 돈을 번 사람들은 광산으로 직접 들어간 광부가 아니었어요. 오히려 광부들이 몰려들자 그들에게 채굴 장비를 공급했던 샘 브래넌이 골드러시 최초의 백만장자가 되었고, 작업복으로 청바지를 만들어 판매한 리바이, 요식업자, 호텔업자, 운송업자들이 돈을 벌지요(졸저《4차 산업혁명시대 누가 돈을 버는가》참조).

그렇습니다. 어떤 현상이 유행할 때 휩쓸리지 않고 그 현상을 정확히 해석한 후에 돈이 갈 길목을 지켜야 한다는 것이지요. 저는 이것을 본질(本質)이라고 말합니다. 기술이나 과학은 전문가나 과학자들의 영역이고, 일반인들은 그런 현상 속에서 돈을 벌어야 한다고 주장하는 것이지요.

백만장자 '본질을 알고 대처하라'라는 의견에 적극 동의합니다. 사실 어떤 현상이 있을 때 돈은 중심부가 아닌 그 주변부, 즉 변두리에 있다는 지적은 정확합니다. 그런 점에서 최근 저명한 미국의 팟캐스트인 데드캣(Dead Cat)에서 다룬 '가난한 이들을 위한 세상'은 메타버스에 관한 내용인데 읽어볼 가치가 있더군요. 그때 한 패널이 한 얘기입니다.

"제가 아는 사람 중에 메타(Meta)버스를 응원하고 다니는 사람들, 메타버스의 기회를 주장하는 전문가들이 지난 크리스마스 연휴에 뭘 하면서 보낸 줄 아세요? 비행기를 타고 그리스 크레타 섬에 가고, 남프랑스 휴양지로 가더라고요. 또 스위스로 스키 타러 간 사람들도 있어요. VR 스키 말고 진짜 스키요. 그들은 오프라인 매장에 가서 돈을 쓰고, 친구들과 물리적으로 만나서 파티를 했어요. 그들 중 어느 한 사람도 휴가기간을 메타버스에서 보내지 않았지요. 제가 아는 한, 그들은 다른 시간에는 메타버스 안 해요. 이런 사람들이 메타버스의 비전을 가장 열심히 외치고 다니는 사람들입니다. 제가 볼 때 그 사람들이 좋아하는 활동은 메타버스가 아니에요."

이런 언급에서 보듯이 어떤 새로운 현상이 등장했을 때 (개인 차원에서는) 지식이나 호기심 충족으로 공부하는 것과 돈을 벌고 사업을 목적으로 공부하는 것은 전혀 다른 문제라는 것입니다. 시대의 흐름을 알기 위해서라면 잘 알아야 하는 것이 당연하겠으나 그것으로 경제활동을 하고 돈을 버는 것은 각도, 즉 접근원리가 달라야 한다는 것이지요.

아까 '골드러시' 당시에 진짜 돈을 번 사람들에 대해 얘기하셨는데 실제 사례이기에 이해가 쉽군요. 당시에 돈을 벌겠다고 직접 금을 캐러 뛰어든 광부들은 고생만 죽도록 하고 빈털터리가 된 반면, 진짜 돈을 번 사람들은 일확천금을 쫓아 몰려든 사람들을 캔 사람들이지요. 이렇게 실제 돈 벌 기회는 항상 인간의 욕망으로 펄펄 끓는 '핫스폿'의 주변부에 있는 것이지요.

부연설명하면 '본질이 아닌 현상만을 쫓아 다녀서는 결코 부자가 될 수 없다'쯤 되겠네요. 새로운 것을 얻으려면 익숙한 것, 상식적으로 알고 있는 패턴을 깨야 합니다. 당연한 것이지만 부를 얻고자 하고, 자기는 간절하게 성공하고 싶다고 말하는 사람은 많습니다.

하지만 그들 중에서 기존의 생각과 삶의 방식을 타파하고 행동으로 옮기는 사람은 소수에 불과합니다. 제대로 공부하고 제대로 행동하는 사람은 적지요. 이것이 이루는 사람과 이루지 못하는 사람의 차이입니다. 그리고 자기는 열심히 했다고 강변하나 삶에는 별로 변화가 없는 이유입니다.

무턱대고 열심히 하기 전에 인간을 이해하고 자기가 하려는 일의 본질을 파악해야 합니다. 그런 후에 집중하면 됩니다. 인간은 기본적으로 끝없는 욕심 때문에 가진 자는 더 가지려 하고, 높은 자리에 있는 자는 더 높이 올라가려 하며, 낮은 자와 못 가진 자를 얕잡아 보는 특징을 보입니다. 그리고 끝내는 그 탐욕으로 인해 파멸의 길로 가게 됩니다.

사람이 살아가는 데는 돈보다 중요한 것들이 많습니다. 그러나 분명한 사실은 우리가 살고 있는 자본주의 세상에서는 돈을 극복해야 다른 중요한 것들을 누릴 수 있습니다. 흔히 돈으로 행복을 살 수는 없다고 합니다. 맞는 말입니다. 그렇지만 돈이 있으면 불행은 어느 정도 막을 수 있습니다. 이것이 현실입니다. 그러므로 돈의 힘을 부정하거나 폄하하기보다는 돈을 넉넉히 벌고 잘 활용하는 것이 자본주의 세상에서는 현명한 방법일 것입니다.

네이키드 카우보이에게 배우자

"모르는 땅에 먼저 가서 새로운 세계를 일구는 것이 카우보이다.
미지의 세계에 도전하는 개척자이자 선구자를 의미하는 것이다."

가장 미국답고 그중에서도 심장 중의 심장이랄 수 있는 뉴욕을 상
징하는 장소가 타임스 스퀘어(Times Square)이다. 이곳의 유명인사 중
의 한 명이 바로 '벌거벗은 카우보이'이다.

언제부턴가 뉴욕을 상징하는 캐릭터로 자리잡은 '네이키드 카우
보이(Naked Cowboy)'는 맨해튼 거리의 악사인데 그는 비가 오나 눈이
오나 일년 내내 맨해튼 42번가 타임스 스퀘어에서 알몸에 흰 삼각팬
티 하나만 입고 기타 치며 노래를 한다.

지난 겨울 미국 동부에 눈이 많이 오고 매우 추웠을 때도 공연을
계속했다. 그는 오하이오주 신시내티 출신으로 본명은 로버트 버크
(Robert Burck)이다. 우리나라에서도 신문, TV 등에서 다룸으로써 많
이 알려져 있다. 벌거벗은 카우보이라는 캐릭터 자체가 일방통행이

고 부끄러워할 줄 모르는 미국인답다고 하자 이런 답변이 돌아온다.

"내가 생각하는 카우보이는 그 같은 이미지와 전혀 무관하다. 나는 카우보이 출신(미국 남서부)이 아니다. 역사를 통해서도 이해할 수 있지만 카우보이의 역할과 정신은 미지의 세계에 도전하는 개척자(Frontier)이자 선구자(Pioneer)를 의미하는 것이다. 서부 개척사에서 보듯 아무도 모르는 땅에 먼저 가서 새로운 세계를 일구는 꿈과 희망으로서의 카우보이다."

창조정신에 불타는 기업가 정신이 필요하다

자본주의 대국 미국의 한복판에 등장한 뒤 지금은 회복 단계이나 코로나19 이전에는 팁만으로 1년 수입이 최하 15만 달러에 달했다고 한다. 또한 자신의 캐릭터 브랜드를 빌려주면서 와인, 굴, 옷도 팔았으며 가끔 외국의 초청으로 해외 공연도 했다고 한다. 이렇게 아주 상징성 강한 독특한 캐릭터를 '어떻게 생각하게 되었는가?'라는 질문에 그의 답은 계속된다.

"나는 이것을 21세기 비즈니스 관점으로 볼 때 창조정신에 불타는 기업가, 즉 앙트레프레너(Entrepreneur)가 바로 카우보이 캐릭터 그 자체라고 생각한다. 그런 카우보이에 네이키드란 말을 붙인 것은 육체는 물론 정신적으로도 숨길 것 하나 없다는 점을 강조하고 싶었기 때문이다. 모두에게 솔직하고도 투명하게 공표하자는 의미가 네이키드란 말 속에 투영돼 있다. 따라서 나의 캐릭터인 '네이키드 카우보이'는 투명하고 솔직한 개척자이자 선구자라고 해석할 수 있다. 말하자면 과장, 허세, 조롱, 자학 등과는 무관한 개척자, 선구자로서의 세계관을 숨김없이 보여주는 캐릭터인 것이다."

그는 뉴저지 근처에 살면서 자가용을 몰고 뉴욕 시내로 출퇴근을 한다. 뉴욕에 도착하면 주차장에 차를 세우고는 차 옆에서 흰색 팬티만 남기고 옷을 다 벗어서 차 트렁크에 넣는다. 그리고 카우보이들이 신는 멋있는 흰색 부츠를 신고 카우보이 모자를 쓰고 기타를 메면 공연 준비 끝이다. 치렁치렁하게 긴 머리와 근육질의 몸매를 그대로 보여주면서 도보로 맨해튼 42번가 타임스 스퀘어에 자리잡고 길 한가운데서 공연을 시작한다.

그는 이미 뉴욕의 명물이 되어 사람들이 지나가면서 구경을 하고 같이 사진을 찍는다. 뉴요커나 관광객 등에게 널리 알려져 남녀노소 누구나 할 것 없이 그와 함께 다정하게 포즈를 취하고 사진 찍는 걸 좋아한다. 사진을 찍고 나면 그의 부츠에 1달러를 팁으로 넣어준다. 말하자면 그냥 부츠가 아니라 팁을 받는 돈통을 겸하는 것이다.

부츠에는 달러 표시와 팁이라는 단어가 쓰여 있다. TV는 공연이 끝나고 주차장에 와서 부츠를 벗는데 꽤 많은 돈이 쏟아져 나오는 것을 비춰준다. 그는 200~300달러는 된다고 말한다. 한 번 공연에 그만큼이고 하루에 네 번 공연한다고 하니 수입이 1천 달러는 될 거라고 했다. 우리 돈으로 120만 원 정도 되는 돈이다.

적지 않은 수입인데 예컨대 한 달에 열흘 정도만 일한다고 해도 월 1천만 원 이상의 수입을 올리는 셈이다. 연봉 15만 달러 이상이 빈말이 아닌 것이다. TV 인터뷰에서 기자가 왜 이런 일을 하느냐고 물었을 때 그의 대답은 인상적이었다.

"저기 브로드웨이 극장에 가보라. 관객 50여 명 앉혀놓고 공연하는데 그것보다는 이게 낫다고 생각한다. 1998년 처음 여기에 온 이래 지금까지 이 일은 나의 일상이다. 네이키드 카우보이 캐릭터는 일이 아니라 나의 운명이자 사명이기도 하다. 내 삶의 출발점이자 오늘과 내일로 향하는 터전이 이곳이다. 최근 어려운 시대를 맞아 뉴욕의 아이콘인 내가 할 일이 더 많아진 느낌이다. 매일 타임스 스퀘어에 와서 뉴욕의 분위기를 이해하고 주변 모두에게 노래와 웃음을 전하는 것이 내가 하는 일이다."

분명한 것은 그가 잘나가는 뮤지컬 배우이거나 탤런트였다면 네이키드 카우보이는 탄생하지 않았을 것이다. 아무도 써주지 않고 기회가 없으니까 스스로 기회를 만든 것이다.

하지만 그의 말처럼 업주들에게 뽑힌 잘나가는 뮤지컬 배우들 수십 명이 겨우 50여 명의 관객을 앉혀놓고 공연할 때 그는 거리에서 수천, 수만 명의 사람들에게 공연을 하고 있는 것이다.

타임스 스퀘어를 일터로 정한 이유는 있다

벌거벗은 카우보이는 남의 시선을 전혀 의식하지 않고 열심히 재미있게 살아가는 너무도 '미국인다운 모습'을 보여준다. 또한 그는 남의 노래가 아니라 자신이 만든 멜로디와 가사로 즉흥곡을 자주 부른다.

그가 즐겨 부르는 노래 속에는 미국인들 특유의 담백한 정신(Spirit)이 배여 있다. '지금 죽기에는 너무도 젊다. 그래도 죽는다면 늙어서 죽고 싶다.' 미국 중부 특유의 콧소리와 혀가 말리는 발음으로 채워진 즉흥곡이다.

그렇다면 세계에서 제일 복잡하고 비싼 땅으로 통하는 타임스 스퀘어를 일터로 정한 이유가 무엇일까?

"가장 붐비고 미디어로부터도 가장 주목받는 공간이기 때문이다. '미국 = 뉴욕 = 타임스 스퀘어'라는 등식이 성립하지 않는가. 미국인은 물론 전 세계에서 온 관광객으로 24시간 붐비는 곳이 이곳이다. 나는 뉴욕에 오기 전 미국 전역 35개 대도시를 전부 돌아보면서 어디가 최고의 장소일지 연구하고 물색했다. 캘리포니아 할리우드 같은 곳도 생각할 수 있겠지만 최종 결론은 타임스 스퀘어였다. 이유는 가장 세속적인 공간인 동시에 전 세계 모두에게 알려진 꿈의 동산이기 때문이다. 네이키드 카우보이로 나가는 순간 전 세계 미디어가 곧바로 나를 주목할 것이란 생각이 들었고, 실제 그런 일들이 벌어졌다. 결과적으로 나의 선택은 옳았다.”

기자가 앞으로의 계획을 물어보자 간단한 답이 돌아왔다.

“매일 타임스 스퀘어에 나가 모두에게 웃음과 노래를 전하는 일이다. 나중에 걸어 다니지 못할 나이가 되더라도 휠체어를 타고 나타날 것이다. 그때도 인터뷰를 하러 오길 바란다.”

글로벌이라는 표현에 걸맞게 요즘 세계는 정도의 차이일 뿐 살기가 어렵다고 아우성이다. 우리 사회 역시 다들 어렵고 죽을 맛이라고 하는데, 특히 실업 문제가 심각하다. 장사나 사업하는 사람들은 문을 열어도 이전만큼 손님이 오지 않아서 걱정들을 한다.

인쇄업종만 해도 늘 분주하던 출력소, 인쇄소, 제본소는 할 일이 없어서 사람들이 졸거나 케이블 TV를 보며 시간을 보내는 것이 일상이다. 결국 업종 불문하고 이구동성으로 불경기 탓에 한숨만 쉬고 있다. 우연의 일치인지는 몰라도 이렇게 불경기일 때는 현대판 신데렐라 이야기가 판을 친다. 위안받을 대상을 찾는 것이다.

가령 인기 있는 TV 연속극들을 보면 가난한 여성들이 재벌이나 기업 총수의 아들과 사랑에 빠지는 내용을 그리고 있다. 그녀들은 사랑이 성공하면 별 노력 없이 일거에 신분상승을 이루게 된다. 연속극에서 비치는 주인공 남자는 비싼 외제차를 타고 엄청난 소비를 해대는 모습으로 등장한다.

불경기 속에서 돈을 마음껏 쓰지 못하는 사람들은 그들이 돈 쓰는 것을 보면서 또 여자 주인공이 신분상승을 하는 것을 지켜보며 대리 만족을 느끼곤 한다.

그러나 사실 지나고 보면 그것만큼 허망한 것도 없다. 그런 것은 시간 죽이기일 뿐 그 이상의 의미는 없는 것이다. 외모 하나만 보고 그렇게 쉽게 사랑에 빠지는 어수룩한 재벌도 있을리가 없지만, 설령 있다고 해도 다들 그런 여주인공 같은 외모를 갖출 수도 없다.

결국 지금 같은 시계 제로의 불경기가 괴롭힐수록 허망한 환상에 빠져 시간을 죽일 것이 아니라 슬기롭게 헤쳐 나갈 방법을 찾아야 한다. 고통 속에서 좌절할 것이 아니라 뉴욕의 벌거벗은 카우보이처럼 스스로 할 일을 기획하고 일할 장소를 찾아내고 사람들을 찾아가서 자기를 보여주는 용기가 필요하다.

이렇게 상황에 적절히 대처할 때 의외로 돈을 많이 벌고 부자가 될 수 있는 기회도 아주 가까이에서 만날 수 있을 것이다.

핵심이 취업난인가, 구인난인가

벌거벗은 카우보이에게 '공연'이 중요한 것처럼 오늘날의 우리도 사람들을 만나고 자신을 표현하는 것이 중요하다. 카우보이가 뉴욕의 길거리에서 공연 장소를 만들어낸 것처럼 우리도 공연할 장소(기회)가 없다는 한탄만 하지 말고 각자가 처한 곳에서 창의적으로 그런 장소를 찾아야 한다.

사실 처음 카우보이가 타임스 스퀘어에 나타났을 때는 누구나 무슨 구걸행위를 하는가 생각했을 것이다. 그렇지만 그는 자신이 공연을 하고 있는 것이라고 분명히 말하고 있다. 그런 그를 보면서 사람들은 '겁 없는 사람'이라고 추켜세운다. 맞는 말이다. 그는 용기 있는 사람임이 분명하다.

그가 브로드웨이 극장가에 번듯한 뮤지컬 배우로 뽑히지 못한 것을 한탄만 하고 있었다면 어찌 되었을까? 자기만의 무대를 만들고 자기를 알리는 작업을 하지 않았다면 그런 재정적인 성과를 올리지 못했을 뿐 아니라 자신이 배우인데도 공연할 곳이 없다는 허탈감에서 괴로워해야 했을 것이다.

우리나라로 돌아와 취업시장의 현실을 보자. 우리는 취직자리가 아니라 일자리의 '미스매칭'이 문제다. 대기업은 말할 것도 없고 특히 공기업 취직은 '로또'가 된 지 오래다. 어느 공기업 인사담당자의 말은 암울하다 못해 절망적이다.

"신입직원 20명을 뽑는데 무려 1만여 명이나 지원했다. 대략 500 대 1인 셈이다. 지원자 중에는 석·박사 소지자는 550여 명이고 외국 대학 출신 500여 명, 공인회계사 등의 전문자격증 소지자도 70명이 나 된다. 어떤 기준으로 누구를 뽑아야 할지 막막하기만 하다."

반면 중소기업을 운영하는 사장들의 하소연은 아주 딴판이다.

"중소기업에는 도대체 사람이 오지 않는다. 서울에 있는 대학은 고사하고 지방대 출신들조차 지원자가 없다. 어렵게 뽑아놓아도 금 방 그만둔다. 이쯤 되면 취업난이란 말은 딴 나라 이야기 같다."

아이러니하게도 구직 희망자들이 넘쳐나고, 청년 실업자가 1백만 명을 넘는 시대임에도 중소기업에는 구인난이 계속되고 있는 것이 다. 우수 인력들이 '신의 직장'으로 불리는 공무원이나 공기업, 그리 고 대기업에 몰리다 보니 취업이란 '낙타가 바늘구멍 뚫는 격'이라 는 하소연이다.

하지만 정반대 현상으로 중소기업 현장에는 사람이 늘 부족하고 지원자가 없다. 이렇게 우리의 취업 현장에는 미스매치의 갭이 커지 면서 양극화 현상이 점점 더 심화되고 있는 것이다.

어쨌든 각도를 달리해서 취업이 어려운 시대이므로 '왜 취업이 어려운가?'를 살펴보고 그러면 어찌해야 하는지를 보자.

니트(NEET)족은 직장이 없는데도 취업이나 진학할 생각을 하지 않으면서 직업훈련조차 받지 않는 젊은층을 일컫는다. 이런 젊은이들로 인해 골머리를 싸매는 것은 일본, 중국 등 다른 나라도 마찬가지이다. 어쨌든 구조적 실업자와 달리 일자리를 구할 의욕이 없기 때문에 '청년 무업자(無業者)'로도 불린다.

예컨대 대학 졸업 후 갓 들어간 회사를 뚜렷한 계획 없이 그만두고, 대학원에 진학했지만 한 학기만 다니다가 휴학을 하고 현재까지 무직 상태라면 니트족으로 분류될 수 있다.

자발적이든, 다른 이유든 일하지 않는 젊은 사람들을 니트족으로 분류한다면 그들은 왜 취업이 안 되고, 취업해도 오래 버티지 못할까? 취업전문기관인 리크루트사가 일하지 않는 젊은 사람들이 왜 취업을 못하는지 그 원인을 조사했더니 다음과 같은 3가지 이유가 조사되었다고 한다.

첫째, 왜 일해야 하는지 알지 못한다. 즉, 취업관이 결여되어 있다.

둘째, 자신이 무엇을 하고 싶은지 자체를 잘 모른다.

셋째, 하고 싶은 것을 발견해도 취업을 위한 능력이나 스펙이 전혀 갖추어져 있지 못하고 있다.

이 3가지 내용에 부연설명도 필요 없을 것 같다. 자기가 왜 그 일을 하는지 알려고 하지 않고, 무엇을 해야 하는지를 모르며, 그 업무를 감당할 능력이 안 된다면 더 이상 무슨 발전이 있겠는가? 취업이 되어도 난감하다. 더 큰 문제는 대부분 취업 희망자들의 눈높이가 중소기업은 아랑곳없이 대기업에만 쏠려 있다는 것이다.

결론적으로 취업을 하든, 자기 사업을 하든, 성공을 하고 부자가 되려면 위 3가지에 대한 자신만의 분명한 정립과 '벌거벗은 카우보이' 같은 적극성과 창의력이 필요한 것이다.

부자 유전자는 존재하는가?

연금술사 우리는 지나치게 세계화되어 가는 세상과 날로 촘촘하게 얽혀서 연결망이 높아지는 시대를 살고 있습니다. 이를 암울하고 회의적으로 바라보는 사람도 있지만 각도를 달리해 좀 더 밝은 면을 보려고 노력하는 사람 역시 많습니다.

이러한 치열한 경쟁사회에서는 당연히 낙오자가 생길 수밖에 없습니다. 그런데 문제는 실패자에게 냉혹한 사회임에도 무참히 버려지기 전까지는 아무도 자신이 부품이란 것을 깨닫지 못합니다. 이렇게 실패자에게 냉혹한 사회이면서도 성공자에겐 비굴합니다. 그 결과 나를 절대 실망시키지 않는 친구란 '권력이나 돈이 있을 때까지'라는 유효기간이 있습니다.

이렇게 인간이 무서운 건 돈이나 명예 같은 것에 있어 창피함을 모르기 때문입니다. 그렇지만 무인도에 가서 혼자 살 수는 없기에 돈 문제를 극복해야 합니다. 그래야 다른 중요한 것들에 집중할 수 있습니다. 물론 자본주의 세상에서도 사람이 살아가는 데는 돈보다 중요한 것들이 많습니다. 그러나 그것도 돈을 극복해야 누릴 수 있습니다. 돈으로 행복을 살 수는 없을지라도 돈이 있으면 불행은 어느 정도 막을 수 있기 때문입니다.

어떤 분들은 '부자는 DNA가 다른 것 같다'고 얘기하는 사람들이 있습니다. 한마디로 '부자로 사는 사람은 그만의 고유한 유전자가 있는 것이 아닐까?'라는 의미일 텐데 이런 생각은 '만약 그런 것이 존재한다고 하면 어떤 모습일까?'라는 데까지 진전됩니다. 더 나아가 '그런 유전자를 가지려면 어떻게 해야 하는 것일까?'라는 질문에까지 이릅니다. 이는 부자를 꿈꾸는 사람이라면 한번쯤 진지하게 생각해 봤을 의문일 것입니다.

사실 유전자까지는 아니어도 부자와 빈자의 차이점은 분명히 존재합니다. 예컨대 부자는 원하는 것에, 가난한 사람들은 원하지 않는 것에 집중한다는 점입니다. 꼭 부(富)가 아니라고 하더라도 집중하는 곳은 커지게 마련입니다.

예컨대 부자는 어디서나 기회를 찾기에 기회 역시 무궁무진하게 따라오는 반면, 가난한 사람은 미리 '안 될 거야'라는 생각으로 장애물을 불러들이기에 그의 앞에는 허들이 무궁무진하게 등장합니다.

결국 부자가 돈을 엄청나게 벌 그 기회들을 어떻게 다 처리하느냐로 고민할 때 가난한 사람은 그 많은 장애물들을 어떻게 처리해야 하는가가 문제가 되는 것입니다. 정리하면 자신의 관심이 어디로 향해 있느냐에 따라 찾는 것과 얻는 것이 결정된다는 것이지요. 기회를 노리고 있으면 기회가 찾아오고, 문제를 노려보고 있으면 문젯거리들이 생기는 것이지요.

물론 '부자에게는 특별한 유전자가 있는가?'라는 명제에 대해 그런 것이 있기는 한 건지, 있다면 그것이 무슨 모습인지에 대해 누구도 명쾌한 답을 할 수는 없을 것입니다. 그러나 이렇게 얘기할 수는 있을 것 같군요. '관심과 시선이 머무는 곳이 더 커지게 되어 있다.'

이 말을 조금 더 부연설명해보면 '부자가 되려고 하면 돈하고 관련된 것, 즉 돈을 벌고 그것을 잘 관리하며 재투자하는 데에 관심을 기울여라'. 반대로 '가난해지려고 한다면 돈을 낭비하거나 혹은 돈하고 관련 없는 분야에 관심을 쏟아라'입니다. 제 의견에 동의하시는지요?

백만장자   재미있습니다. 그리고 의견에 동의합니다. '부자는 DNA가 다른 것 같다'는 명제에 대해 저를 포함한 그 누구도, 또한 앞으로도 확실하게 정의 내릴 수는 없을 것으로 생각합니다. 그러나 생물학적으로는 특별히 다른 유전자를 인정하지 않는다 해도 심리적, 교육적으로는 충분히 의미 있다고 생각합니다.

부자 유전자까지는 아니어도 부자가 되려고 한다면 돈에 관한 한 누구나 인정하는 유대인과 그들의 성전인 《탈무드》의 가르침은 정독할 필요가 있을 것입니다. 《탈무드》에는 유독 돈에 대한 현실적인 충고들이 많습니다.

① 가난한 것은 집안에 50가지 재앙이 있는 것보다 더 나쁘다.

② 돈이 인생의 전부가 아니라고 말하는 사람에게는 죽을 때까지 돈이 쌓이지 않는다.

③ 텅 빈 지갑만큼 무거운 것은 없다.

④ 돈은 모든 문을 열어주는 황금 열쇠이자 모든 장애물을 치워주는 황금 지팡이다.

⑤ 사람에게 상처주는 세 가지가 있다. 고민. 말다툼. 빈 지갑. 그중에서 빈 지갑이야말로 인간에게 가장 큰 상처를 준다.

중요한 것은 유대인은 부자로 태어나는 것이 아니라 부자로 길러진다는 것입니다. 말하자면 그들은 처음부터 부자 DNA를 가지고 태어나는 것이 아니라 후천적으로 돈에 대한 개념을 잡아 나갑니다. 어려서부터 심부름, 집안일, 신문배달 등을 통해 직접 돈을 벌고, 그 번 돈을 불리면서 경제에 눈을 뜨게 되기에 남들보다 훨씬 앞서갈 수 있는 것입니다.

우리가 어릴 때부터 듣는 얘기, 즉 '어릴 때부터 돈을 밝히면 안 된다', '돈은 나중에 커서 벌면 돼' 등의 분위기와는 정반대지요.

어쨌든 《탈무드》에는 '부자가 되려면 결핍과 욕망을 활용하라'고 가르칩니다. 그렇습니다. 자신의 욕구를 믿고 원하는 것을 채워가며 행복을 느끼는 사람은 표정부터 다릅니다. 일단 삶의 에너지가 높아지고 풍요로움과 행복감을 느끼지요. 이렇게 자신이 좋아하는 일을 추구하고 남들보다 더 열정적으로 살아갈 수 있는 에너지를 얻게 되는 것이지요.

당연히 남들보다 몇 배 더 열심히 일해도 더 깊은 행복을 느끼고 이런 욕구들이 모여 더 나은 미래를 위한 꿈과 비전, 목표를 만들게 됩니다. 그렇습니다. 바람직한 것은 욕구가 미래를 이끌어야 한다는 점입니다. 그래야 에너지 넘치고 활력이 있는 인생을 살아갈 수 있습니다.

반면 자신의 욕구를 신뢰하지 못하고 항상 억누르기만 하면 활력이 떨어집니다. 당연히 자기가 진짜 원하는 삶을 사는 것이 아니기에 뭔가 해내고자 하는 마음이 들지 않고 주변에 끌려다니면서 계속 속박되는 기분을 느끼게 되는 것이지요. 이런 상황이 적체되면 결과는 불을 보듯 뻔합니다.

주변에 보면 인생이 잘 안 풀리고, 사업이 안 된다고 늘 한숨만 쉬면서 얼굴에 근심이 가득한 사람이 성공하는 것을 본 적이 없습니다. 부정적인 말만 내뱉으면서 안 될 거라고 생각하면 그 말대로 되는 것이지요. 분명한 건 그런 자세로는 결코 성공하기 어렵다는 것입니다. 부와 성공이라는 결과물은 자기 자신에 대한 강한 확신과 믿음에서 비롯되기에 그렇습니다.

아무리 능력이 출중해도 자신의 부정적인 신념을 긍정적으로 바꾸려고 노력하지 않으면 결코 부유한 인생을 살기 힘들다는 점은 자명합니다. 부유함은 자기 스스로의 생각으로 창조하는 것이기 때문이지요.

핫스폿에 제대로 대처하라

"열심히만 한다고 부자가 된다면 부자 안 될 사람은 없을 것이다.
대다수가 가난하게 태어나 가난하게 살다가 가난하게 죽는 이유이다."

많은 사람들이 꿈꾸는 삶은 세상을 바꾸려는 것이 아니다. 가끔 그런 거대 담론을 얘기하는 사람들도 더러 있으나 대다수는 생활 속에서의 프리덤을 원한다. 자신과 가족들의 삶의 질을 풍요롭게 해줄 돈과 시간으로부터의 자유쯤 될 것이다. 하지만 대부분 사람들은 돈에 쫓기고, 시간에 쫓기고, 세상의 변화에 쫓기고, 운명에 쫓기는 삶에 허덕이면서 살아간다.

현실 타파를 위해 노력도 해보지만 바뀌는 것은 거의 없다. 시간적, 경제적인 자유를 얻기 위해 많은 책을 읽고 공부도 해보지만 아직도 자유는커녕 벗어나고 싶은 현실의 탈출은 벅차보이고 너무 멀게만 느껴진다. 이런 현실을 졸저《젊은 부자의 수수께끼, 부자는 너처럼 안해》에서 다음과 같이 언급했다.

138

"열심히 하는 사람은 많다. 그러나 그 열심히가 '성취'로 연결되느냐 하는 것은 다른 문제다. 열심히만 한다고 부자가 된다면 부자 안 될 사람은 없을 것이다. 대다수가 가난하게 태어나 가난하게 살다가 가난하게 죽는 이유이다."

욕구와 욕구가 만나 시장이 들끓는 곳

현대사회를 4차 산업혁명 시대, 노마드(Nomade) 사회 혹은 지식정보사회라고 부른다. 어떤 학자는 '축의 전환이 일어나는 시대'라는 말로 표현하는데, 이는 지구촌의 모든 것이 획기적이고 거대한 변화를 맞이하고 있다는 의미일 것이다.

더구나 코로나 팬데믹은 이러한 변화를 훨씬 더 빠르게 심화시키고 있다. 언택트 비대면의 삶은 이미 일상화되었고, 이의 영향으로 경제, 사회, 정치, 문화 환경과 정신적, 심리적 상황은 급속하게 변화되고 있는 것 또한 사실이다. 그러나 뭐니 뭐니 해도 가장 심각한 것은 기업과 개인이 경제적으로 큰 어려움을 겪고 있다는 것이다.

용어가 무엇이든, 시대 흐름이 어떻든 사람들이 움츠리고 모든 일이 멈춰 서있는 이때 우리에게 필요한 것은 가고자 하는 목적지를 향해 순항하면서 더 넓은 곳으로 나아갈 준비를 하는 것이다. 말하자면 '핫스폿(Hot Spot)에 제대로 대처하라'쯤 되는 것이다.

핫스폿 현상은 고객의 욕구와 그 욕구를 충족시키려는 사람(기업)들의 움직임이 만들어낸 교집합 영역으로 시장이 들끓는 곳을 의미한다. 말하자면 사람과 돈이 함께 어울려 욕망으로 펄펄 끓는 용광로를 의미하는 것이다. 이런 현상은 예전의 '골드러시'와 '닷컴 열풍', '4차 산업혁명', 그리고 가장 최근의 '그레이트 리셋' 등이다.

다른 말로 하면 돈이 넘쳐나는 곳을 지칭하는 것이며 당연히 부자가 될 기회가 있는 곳이다. 역사적으로 이런 핫스폿을 향한 인간(기업)의 움직임이 가장 두드러졌던 때가 바로 19세기의 골드러시이다. 부연하자면 이때가 '축의 전환이 일어나는 시대'였다. 그럼 이것이 지금의 우리에게 주는 메시지는 무엇일까?

사실 미국의 캘리포니아는 골드러시가 시작되기 전까지는 오지 중의 오지에 불과했다. 하지만 1848년 1월 캘리포니아 새크라멘토에 있는 제재소에서 현장 책임자였던 제임스 마셜에 의해 금(사금)이 발견된다. 황금이 발견되었다는 소식은 동부로, 전 세계로 퍼져나갔고 일확천금의 꿈을 좇는 사람들이 서부로 서부로 몰려들기 시작했다. 유명한 골드러시의 시작이었다.

이때 몰려온 사람들은 광부, 광산업자, 상인에 선주, 기자들까지 각계각층을 망라했다. 공통점은 하나. 금을 찾아 부자가 되고자 하는 것이었다. 많은 사람들이 골드러시에 가세하면서 캘리포니아는 금이 발견된 1848년에 불과 몇 천 명도 안 되는 인구에서 몇 년 후 골드러시가 마무리될 때쯤에는 25만 명이 넘는 사람들이 몰려듦으로써 서부가 개발되는 결과가 된다.

그러나 일확천금을 꿈꾸며 몰려온 사람들 중 그 꿈을 이룬 사람들은 드물었다. 결국 모든 혁명의 결과가 그렇듯 어떤 현상이 있을 때 그 중심으로 뛰어든 사람은 큰 과실을 얻지 못한다는 것이 골드러시에서도 여실히 증명되었다.

예컨대 황금의 발견으로 돈을 투자한 광산업자와 미국 정부가 큰 돈을 번 반면, 직접 금을 캔 광부들은 돈을 못 벌었다. 하지만 그 몰려든 사람들을 상대로 장비를 팔고, 작업복으로 청바지를 만들어 팔고, 호텔 등 요식업을 한 사람들이 큰돈을 벌어 이후 미국의 전통적인 부자 대열에 오르게 된다.

골드러시 이후 한참 시간이 흘러 어느 날 갑자기 불어닥친 '닷컴 열풍'이라는 핫스폿에서도 인터넷이라는 새로운 기술에 직접 뛰어든 사람들이 쪽박을 차는 동안 그들에게 서비스를 제공했던, 즉 핫스폿의 변두리에서 신흥 부자들이 대거 등장한다.

이렇게 개인이 돈을 벌고 부자가 된다는 측면에서만 본다면 '4차 산업혁명'이나 팬데믹 이후의 '그레이트 리셋'도 이전의 '골드러시'나 '닷컴 열풍'과 본질에서는 같다고 볼 수 있다.

돈은 중심부가 아니라 변두리에 있다

인류 역사를 보면 핫스폿은 항상 있어왔다. 그러나 핫스폿 현상이 있다고 하여 그곳으로만 들어가면 모두 돈을 벌고 부자가 되는 것이 아니다. 실제로 과실을 따는 사람, 즉 부자가 되는 사람은 그 중심부로 바로 뛰어드는 사람이 아니라 오히려 그런 소용돌이의 주변부에서 기회를 잡은 사람에게 돌아간다는 것이다.

이는 꼭 멀리까지 가서 골드러시나 닷컴버블 등을 따질 것 없이 우리 주위에서도 흔히 볼 수 있다. 지금까지 크고 작은 수많은 거품경제가 존재했고 그것이 우리의 경제를 이끌어 왔다. 금융, 반도체, 녹색에너지 등이 그것이다.

현재도 블록체인이나 가상화폐 현상인 비트코인 등이 있다. 쉽게 큰돈을 벌 수 있다고 주장하는데 그것에 관심이 없는 사람을 찾는 것이 더 어려울 것 같다. 또한 내용 자체가 돈에 관한 것이다 보니 모든 사람이 스스로를 당사자라고 인식한다.

물론 가격이 급등하면서 투자 원금의 수백 배를 벌었다는 소문이 돌기도 했는데, 진실 여부에 상관없이 이런 소문이 들리면 누구나 관심이 생기는 것은 당연하다. 어쨌든 전 국민이 당사자 의식을 가진다는 사실은 매우 놀라운 일이다. 일단 사람을 모은다는 점에서는 성공을 한 것이다. 일종의 현대판 골드러시인 셈이다.

그러나 실제 돈을 벌었는지는 불분명하다. 그렇다! 골드러시처럼 '소문난 잔치에 먹을 것 없다'는 말과 같이 많은 사람이 뛰어들면 그곳에 돈 벌 기회 역시 거의 없을 것이라는 점은 장담할 수 있다.

역사적으로 보면 이 같은 거품경제가 일어날 때마다 전 세계는 그런 현상에 맞춰 관련 산업을 확대하고 경제의 부흥을 꾀해왔다. 이런 현상은 정확하게 골드러시 때와 같다. 그러면 골드러시 당시에 부의 흐름에 관한 움직임을 정확히 포착, 부자가 된 사람들의 성공담을 실제 사례를 바탕으로 얘기해 보자.

샘 브래넌이라는 사람이 있다. 그는 골드러시 당시 최초로 백만장자가 된 사람이다. 그는 광부도 아니었고, 금에도 별로 관심을 보이지 않았지만 사람들이 몰려드는 핫스폿 현상 속에서 어떻게 돈을 벌어야 하는지는 정확히 알고 있었다.

금 발견 소식을 듣는 순간 그는 자기가 큰 부자가 될 찬스임을 직감한다. 그리고 그 기회를 살리기 위해 새크라멘토 강가에서 주워온 사금을 유리병에 넣고 흔들면서 길거리를 뛰어다니며 소리쳤다.

"금이 발견됐다! 황금이 나타났다! 부자가 될 찬스다!"

우선 그는 금을 캐러가는 길목에 채굴장비센터(철물점)를 차려놓고 사금 발견 소식을 큰소리로 선전했던 것이다. 그렇게 해서 모여든 사람들에게 삽, 곡괭이, 도끼, 냄비, 쟁반 등등 사금 채취 도구를 팔아 떼돈을 벌었다. 20센트 정도하던 쟁반 하나가 며칠이 안 돼 15달러로 폭등할 만큼 비싸게 팔아도 없어서 못 팔 정도였다.

기록에 의하면 거의 80배 장사를 했다고 하는데 이런 수완으로 브래년은 샌프란시스코 최초의 백만장자가 된다. 그는 9주 만에 3만 6천 달러(지금의 약 150만 달러)를 벌어들였다. 그럴 만도 했다. 당시 사금 발견 소식은 군대 사병들마저 탈영하도록 만들었고, 주인 몰래 집을 뛰쳐나간 하녀도 금을 찾아 강가로 몰려다닐 정도였다.

은행 직원도 사금 채취에 미쳐 은행 문을 닫을 지경이었다. 신문사 기자까지도 강가로 몰려가서 신문 발행이 끊겼고, 신문사 사장도 크게 다르지 않아 새크라멘토로 달려갔다. 샌프란시스코 항구에는 선원이 없어 내팽개쳐진 배들로 통행이 어려울 지경이었다.

당시 샌프란시스코 인구가 1,000여 명 정도였는데 황금 발견 소식으로 아이와 노인만 빼고 모두 새크라멘토로 달려가 몇 주 만에 몇십 명으로 줄어들 정도였다고 한다. 또한 미국 동부에서도 서부로 달려왔으며 샌프란시스코 북부 오리건주에서는 약 3천 명이, 멕시코에서도 4천여 명이 캘리포니아로 달려왔다.

1852년 전후로는 중국인도 2만 명이나 몰려왔는데 이들은 미국

대륙 횡단철도 공사에 종사하던 쿨리(苦力)들이었다. 스페인 등 유럽의 여러 나라들은 물론이고 필리핀, 호주에서도 떼로 몰려왔다.

드디어 몇 천여 명이 안 되던 캘리포니아 인구는 1854년에는 25만 명으로 늘어나면서 미국 31번째 주(州)로 승격한다. 이는 사금 발견으로 촉발된 '핫스폿 현상'이 만들어낸 것이지만 결과적으로 캘리포니아가 발전하는데 엄청난 이바지를 한 것이다.

전 세계를 들끓게 한 골드러시의 과실은 미국 정부와 막대한 자금을 들여 광산을 개발할 수 있던 극소수의 동부의 자본가들에게 돌아간다. 이들을 제외하고 실제 소용돌이치는 골드러시의 한복판에서 꿈을 이룬 사람은 금을 캐던 광부가 아니라 그들을 상대로 필요 물품을 제공했거나 그들에게 꼭 필요한 것, 즉 먹고 자는 요식업, 의류(작업복)업, 은행업, 운송업 등으로 서비스를 제공했던 사람들이었다 (자세한 것은 졸저《4차 산업혁명시대 누가 돈을 버는가》참조).

어떤 상황에도 블루오션은 항상 존재한다

금이 발견되었다는 소식은 계속 퍼져나갔고, 일확천금의 꿈을 좇는 사람들이 캘리포니아로 끊임없이 몰려들었다. 그러나 팔자를 고치려는 꿈을 꾸며 몰려온 사람들 중 그 꿈을 이룬 사람들은 극히 드물었다. 그런데 이런 와중에도 샘 브레넌 못지않게 많은 돈을 번 청년이 등장한다.

그는 독일 출생으로 한몫 잡으러 미국에 왔지만 처음에는 텐트를 만들어 납품하는 일을 했다. 마침 미군으로부터 대량주문을 받는다. 그런데 납품할 군용 텐트의 천을 국방색이 아닌 파란색 염료로 염색을 하는 실수를 한다.

빚까지 얻어 엄청나게 만들어 놓은 텐트는 납품을 할 수 없었고 폐기처분해야 할 상황이 되었다. 의뢰자의 주문 취소로 재고까지 떠안았고 이 재고를 처분하는 것도 보통 문제가 아니었다. 급기야 그는 파산할 지경에 이르렀다. 많은 돈을 버는 것은 고사하고 빈털터리가 될 위기에 봉착한 것이다.

수요처를 고민하던 그는 광부들에게 주목한다. 당시 금을 캐던 광부들의 바지가 잘 찢어진다는 것을 알고 텐트용으로 만든 질긴 파란색 천으로 바지를 만들었다. 당시 바지 하나에 1달러를 받았다고 하는데 질기고 오래 입을 수 있었기에 상대적으로 저렴했던 이 바지는 날개 돋친 듯 팔려나갔다.

청년은 이참에 아예 의류 회사를 설립해 본격적으로 청바지를 만들어서 판매하기 시작했다. 그가 바로 리바이 스트라우스(Levi Strauss)이다. 그런 곡절을 거쳐 탄생하게 된 리바이스(Levi's)라는 청바지 브랜드는 오늘날까지 전 세계 남녀노소 모두에게 잘 팔리고 있다.

이미 잘 알려져 있어서 경쟁이 매우 치열하여 흘리는 피로 바다가 붉게(red) 물든다고 하여 '레드오션'이라고 한다. 수많은 사람들이 경쟁하고 있던 골드러시의 금광은 이미 시장으로서의 가치가 없는 레드오션 중의 레드오션이었다. 많은 피를 흘려야 하는 시장으로 변해 있었던 것이다.

하지만 그런 와중에도 경쟁이 별로 없고 과실을 독차지할 수 있는 푸른 바다, 즉 '블루오션'은 반드시 존재한다. 청바지를 만든 블루오션도 그중의 하나이다. 이렇게 조금만 발상을 전환할 수 있는 현명함이 있다면 그런 블루오션은 넘쳐난다. 더 희망적인 것은 골드러시 시대보다도 더 많은 기회와 정보가 있는 시대에 살고 있다는 것이다.

이런 리바이스에 대한 이야기는 이미 많은 사람들이 알고 있을 만큼 유명하다. 샘 브래넌 스토리도 기회라는 측면에서 시사하는 바가 크다. 이런 사례를 접하다 보면 혹시 힘들고 벼랑 끝이라고 생각한 순간에도 다시 일어설 수 있는 힘이 되기도 한다.

누구에게나 기회는 주어진다. 다만 기회의 속성이 그 기회를 지나치고 나서야 그것이 기회였음을 깨닫는다는 것이다. 위기가 기회라는 말이 있다. 위기에 좌절하지 않고 꿋꿋하게 버티고 창의적으로 도전한다면 언젠가 그 기회는 자기 것이 될 것이다.

사실 샘 브래넌은 금하고는 전혀 관련도 없고, 관심도 없었다. 그렇지만 엉뚱하게도 그는 타고난 장사꾼 기질로 엄청난 부를 모아 갑부 반열에 오른 사람이었다. 말하자면 금이 아니라 금을 캐러온 사람들을 채굴함으로써 부자가 된 것이다. 그는 골드러시로 생길 '핫스폿'을 예상했고 그 결과 사람들이 정신없이 몰려들 것을 알았다. 그리고 그에 적절히 대처했던 것이다.

그런 지혜는 많이 배우지 않아도, 금수저로 태어나지 않았어도, 엄청난 노하우가 없어도, 첨단기술을 몰라도, 백이 없어도, 집이 가난해도, 큰 자금이 없어도 누구나 생각할 수 있는 것이다.

혹시 지금이 골드러시가 아니라고 한탄하는가? 기회라는 측면에서 보면 지금 역시 마찬가지이다. 아니, 그때보다도 부자가 될 기회는 더욱 넘쳐난다. 다만 그 기회는 누군가가 낚아채주기를 기다리고 있는 것이다.

스스로 고용하는
창직(創職) 시대

연금술사 다른 나라도 비슷하겠지만 우리나라 역시 많은 문제를 안고 있습니다. 그중에서도 '기회의 차이'라는 측면에서 보면 기성세대나 젊은 세대 모두에게 큰 고민을 안겨주고 있지요. 아버지 세대로서 현재 한국의 돈, 즉 경제력의 많은 부분을 독점하고 있는 베이비붐 세대는 리타이어(은퇴)로 무대에서 퇴장하고 있으며, 젊은 세대들은 '단군 이래 아버지보다 못사는 최초의 세대'일 것이라는 비관적인 전망들이 힘을 얻고 있습니다.

지금의 젊은이들은 단군 이래 최고의 능력과 최고의 스펙, 건전한 정신을 갖춘 세대로 불리지요. 그럼에도 이들은 사상 최악의 일자리 부족에 시달리고 있지요. 540만 명의 청년 중 160여 만 명이 일자리가 없어서 놀고 있다면 이는 사회가 감당할 수 있는 수준을 넘어서는 것이라고 볼 수 있지요.

국가 경제가 양질의 일자리를 창출하지 못하면서 한국은 성장 동력마저 점점 힘을 잃고 있다는 평가가 주를 이루지요. 그 결과 만성적인 청년실업 문제가 세대간 갈등으로 번지는 한편, 젊은이들은 '잃어버린 세대'로 전락하고 있는 현실이지요. 이는 몇 가지 사례만 봐도 장황한 부연설명이 필요하지 않습니다.

예컨대 지금은 청년이 스스로의 힘으로 내 집을 마련한다는 것은 꿈같은 일로 받아들입니다. 그런 절망감이 만들어내는 부작용은 크고요.

더구나 금수저, 흙수저라는 자조 섞인 푸념이 보여주듯 부익부빈익빈 현상의 고착화로 우리 사회는 점점 희망을 잃어가고 있습니다. 취업난과 생활고에 지친 청년들 사이에 좌절을 넘어 '되고 싶은 것도, 하고 싶은 것도 없다'는 포기 문화가 급속히 번지는 현실이 그것을 잘 보여주지요.

이런 상황들이 안타깝기는 하지만 사실 현재를 살아가는 세대만 유난히 경제적 위기 상황을 더 심하게 겪는 것은 아니지요. 경제 위기는 20년, 10년 전에도 있었고 앞으로도 닥칠 것입니다. 분명한 것은 오늘의 역경을 내일의 축복을 위한 디딤돌이라 여기고 도전하면 새로운 기회와 미래가 열리지만, 좌절하고 포기하면 기회와 미래는 영원히 오지 않을 것이라는 점입니다.

이런 상황에서는 일자리 창출 패러다임을 바꿔야 합니다. 일자리를 구하려는 구직(求職)이 아니라 아이디어와 창조를 바탕으로 스스로를 고용하는 창직(創職)이 좋은 대안이 될 수 있을 것입니다. 부연설명할 필요도 없이 이미 일자리 창출 패러다임은 구직에서 창직(Job Creation)으로 서서히 바뀌고 있습니다.

이런 움직임은 직업에 대한 지금까지의 사고를 근본적으로 바꾸는 창조적 파괴를 바탕으로 하는 것이지요.

어려운 현실에 대한 몸부림으로 여러 가지가 등장하고 있는데 암울해 보이기까지 하는 현재 우리의 고용 환경에서 판도라 상자에 갇혀 있는 '희망'을 꺼내려면 어떻게 해야 할까요?

백만장자 어떤 미사여구로 어떻게 설명해도 잘사는 법과 돈을 많이 벌 수 있는 방법은 누구도 가르쳐줄 수 없다는 것이 현실입니다. 상황이 다르고 입장이 다른데 하나의 공식으로 커버하는 것은 어렵기 때문입니다. 그런 이유로 많은 책들이 '부자가 된다'는 것을 광고하지만 그것을 읽고 부자가 되는 경우는 거의 없거나 극히 드문 이유입니다.

오히려 고통을 겪어내면서 스스로 배우고 깨우쳐야 하는 것이지요. 그런 아픈 경험을 긍정적인 경험으로 승화시켜 나가는 과정이 쌓여 진정한 인생의 승자가 되는 것입니다. 너무 냉정하게 얘기하는 것 같아 미안한데 사실 이 세상의 주인공은 자기를 통제하고 다스릴 줄 알아야 세상의 주인이 되고 다가오는 행운을 잡을 수가 있습니다.

부자가 되고 세상의 주인이 되고자 하면 일을 표나게 하고 볼륨을 높여야 합니다. 이는 프로와 아마추어의 차이로 얘기할 수 있겠군요. 가령 즐기기 위해 하는 아마추어와 달리 프로는 삶을 걸고 경기를 하는 것이지요. 당연히 아마추어와 같은 자세로 경기에 임해서는 안 됩니다.

골프를 치다보면 백돌이와 달리 프로 골퍼들은 '노리는' 홀이 있지요. 18개 모든 홀에서 버디를 치겠다고 호기를 부리는 건 아마추어들이나 하는 일입니다. 웬만한 홀에선 절대로 보기를 내지 않도록 조심하는 보수적인 플레이로 파를 잡고 '만만한' 몇 개 홀을 골라 공격적으로 장타도 때리고 긴 퍼팅도 시도합니다.

그러다가 3개만 버디를 만들면 하루에 3언더파라는 성적을 올려 우승 후보군에 낄 수 있게 됩니다. 물론 최선을 다하겠지만 모든 홀에서 버디를 만들겠다고 덤비다간 해저드와 친해지기 딱 십상이죠. 공이 숲속으로도 가고 연못에도 빠지고 깊은 벙커에 빠져 곤란을 겪기도 합니다.

야구도 같습니다. 팀이 승리해야 하고, 타율이 높아야 프로는 즐겁겠지요. 그것을 위해서는 자기가 좋아하는 특정한 공을 노리는 것이지요. 역시 최대의 성과를 올리기 위해서입니다. 무릇 프로선수라면 그렇게 해야 하지요.

반대로 취미활동으로 하는 아마추어 야구에선 이렇게까지 안 해도 될 것입니다. 오히려 '아무 거나' 잘 때려내는 타자가 최고일 것입니다. 상대편 투수가 던지는 공들이 단조롭기 때문인데 프로에선 이게 안 통한다는 것입니다. 왜냐하면 투수들이 워낙 잘 던지기 때문에 정말로 잘 칠 수 있는 공이나 자기가 좋아하는 공을 노려야 합니다.

예컨대 '약간 높은 직구'나 '낮은 슬라이더'를 노리고 있다가 그게 들어오면 때려야 합니다. 그래야 안타를 치고 운 좋으면 홈런도 날릴 수 있습니다. 그럼에도 노리는 볼 없이 무턱대고 스트라이크면 치겠다고 휘두르다간 한 수 위인 투수의 실력에 눌려 삼진을 당하기 십상이지요. 그래서 타자에게 요구되는 능력 중에 선구안(選球眼)을 중시하는 이유이지요.

골프나 야구뿐만이 아니라 직장 역시 접근 원리는 동일합니다. 직장인들도 자신이 하는 일로부터 몸값이 매겨지고, 잘하면 스타가 되기도 하지만 잘못하면 2군으로 밀려나거나 방출될 수도 있습니다. 그런 점에서 직장인도 프로 스포츠 선수와 같은 신세로 바뀌어 가고 있습니다. 이는 누가 원해서가 아니라 우리가 뛰는 경기장, 즉 세상과 직장들이 그렇게 변해가고 있기 때문입니다.

근면성이 덕목이던 시절은 지나갔습니다. 일을 열심히 해도 성과가 없으면 인정하지 않는 게 프로의 세계입니다. 프로는 과정보다 결과를 중시하기 때문인데 창업을 하든, 조직에 속하든 이런 흐름에 편승해야 하는 이유입니다.

N잡러,
창직의 시대 앙트레프레너십

"역사상 어느 시기보다도 선택이라는 덕목이 중요한 시대에 살고 있다.
이에 적절히 대처했을 때 '결과는 자유가 아니다'라는 말은 증명된다."

성공하고 뜻을 이룬 사람들이 소수인 것은 재능 탓이 아니고 의지의 탓이라고 할 수 있다. 그리고 그 의지는 바로 선택이라는 말에 귀결된다. 앞날의 성공을 위해 오늘의 즐거움을 포기하고 챌린지하는 사람이 성공의 대열에 설 수 있다. 그것은 역사에 등장하는 모든 성공자들의 공통점이며 이에는 예외도 별로 보이지 않는다.

선택하는 순간에 오늘만 생각하느냐, 아니면 미래, 즉 내일도 생각하느냐가 성공과 실패의 분수령인 것이다. 그렇지만 이러한 때, 즉 어떤 것을 선택할 때 오늘이 아니라 내일을 먼저 생각한다면 당장은 손해고 힘들더라도 그것은 옳은 선택일 가능성이 크다.

그러나 선택지를 오늘이 아닌 내일에 놓고 선택하는 사람들이 얼마나 될까? 흔히 '선택은 자유'라고 한다. 좋은 말이기는 한데 진짜 중요한 것은 '결과는 자유가 아니다'라는 것이다. 말하자면 선택의 자유를 논하기 전에 결과를 멋지게 만들어야 하는 것이다.

어쨌든 요즘은 역사상 어느 시기보다도 선택이라는 덕목이 그 가치를 발하는 시대에 살고 있다. 이에 적절히 대처했을 때 '결과는 자유가 아니다'라는 말을 증명할 수 있는 것이다.

희망퇴직자는 퇴직을 희망한 적이 없다

최근에는 정년을 맞아 정상적으로 리타이어(은퇴)하는 것은 희귀하고 오히려 '명예퇴직'이나 '희망퇴직'이라는 용어가 더 익숙한 고용 환경에 살고 있다. 그러나 희망퇴직은 어떤 멋진 말을 동원해도 그게 '정리해고'이고 '저 성과자 퇴출'이라는 것은 변하지 않는 팩트이다. 타의에 의한 강요받은 선택인 것이다.

더 안타까운 것은 베이비붐 세대가 주 대상이지만 최근의 희망퇴직은 1980년대 생까지 내려왔다. 그러므로 어느 단계에 있던지 퇴직 준비에 대해 지나치게 강조해도 전혀 이상하지 않은 시기에 우리는 살고 있는 것이다.

더구나 지금은 코로나19를 거치며 지칠대로 지친 시기이기도 하다. 전혀 경험해 보지 못했고 준비도 안 된 상태에서 코로나19가 발생한 지 3년이 지났다. 이 역시 누구도 원하지 않았다.

그 결과 코로나19로 직격탄을 받은 산업에 종사하는 사람들은 전혀 예상치 못한 실직과 무급휴직이라는 절체절명의 시기를 보내고 있다. 더구나 자발적, 즉 나의 선택이 아닌 타의로 희망퇴직을 당한 사람이 배신감 내지는 허탈감에 빠지는 것을 많이 지켜볼 수 있다.

"내가 왜 회사를 나가야 하는지 도무지 알 수 없었다."

이런 반응 역시 타당성은 충분하다. 자기 생각에 누구보다 열심히 성실하게 일했다고 자부하는데, 어느 날 희망퇴직 대상자가 된다는 사실을 순순히 받아들이는 것은 어렵다. 더구나 근무하면서 화려했던 성과와 자랑할 만한 실적을 갖고 있었기에 '나는 아닐 것이다'라는 생각이 당연했고, 앞선 선배들을 보면서 '내가 대상자가 될 수도 있겠다'라고는 결코 생각한 적이 없었다.

그럼에도 자기가 대상자가 되었다는 현실을 인정하기 힘들어 하는 것은 어찌 보면 당연하다. 그러므로 처음에는 화가 나기도 하고, 자책하기도 하고, 부정하기도 한다. 그런 안타까운 점은 이해하나 희망퇴직이란 어떤 그럴듯한 말로 설명해도 '퇴출'이며 '정리해고'를 의미하는 것이다.

간혹 회사 측의 의도와 다르게 핵심 인재가 탈출의 용도로 사용하는 '자발퇴직'의 경우를 제외한다면 실적과 나이를 이유로, 혹은 조직 부적응을 이유로 실시하는 희망퇴직은 엄격하게는 '희망한 적이 없는 희망퇴직'인 것이다. 바꿔 얘기해서 '다수의 희망퇴직자는 퇴직을 희망한 적이 없다'는 것처럼 희망퇴직은 참으로 어처구니없고 잔인하기까지 한 단어이다.

그러나 곰곰 생각해 보면 이해가 되는 부분도 있다. 법인은 성과와 조직의 역동성을 바탕으로 조직과 구성원 모두를 건강하게 해야 하는 생명체로 본다면 회사를 미워할 수도 없다. 회사 입장에서야 자본주의라는 밀림에 맞는 생존법칙에 충실한 행위를 한 것이 맞다.

그것을 알고 있기에 회사를 이해하고 미워할 수도 없지만 '인정하기는 힘들다'고 하는 것이다. 설령 희망퇴직 상황을 예견하였다고 하더라도 그것을 받아들이기는 쉽지 않다. 그럼에도 어렵겠지만 퇴직이라는 지금 현재를 인정해야 한다. 그게 현실임을 자각하고 수용할 때에야 비로소 새로운 시작을 할 수 있기 때문이다.

유례없는 불경기라는 궁핍한 경제 환경에, 코로나19로 직격탄을 받아 일상화된 희망퇴직, 명예퇴직에 더해 더 악성은 전혀 예상치 못하게 실직과 무급휴직이라는 절체절명의 시기를 보내는 사람들이다. 그 결과 생업을 위해, 가족들의 부양을 위해 여기저기 돈 되는 일을 찾아다니는 가장들이 넘쳐난다. 그들에게 필요한 것은 값싼 동정이 아니다. 어떻게 돈을 벌 것인가이다.

'난 다를 거다'라는 착각을 버려야 한다

모든 것이 어려운 시기이지만 4차 산업혁명이 더 빨리 앞당겨지면서 경험해보지 않은 디지털 세상으로 내몰리고 있다. 새롭고 신기한 변화를 이해하고 따라가기도 바쁜 와중에 일반 서민들이 서 있는 위치는 너무 불안하고 위태위태하다.

사실 어느 누가 이런 일을 먼저 예상하고 철저히 준비한 사람들이 있었겠는가? 그러나 어느 시기나 위기는 기회라고 이런 시기에 더 잘 풀리는 사람들도 분명히 있다. 그러므로 코로나19와 같은 전혀 예상치 못한 일이 언제 자기에게 닥칠지 모른다는 위기의식을 갖고 지금 세상을 바라보아야 한다.

그럼 지금부터는 모 신문에 소개된 죽기 살기로 했지만 퇴직금만 다 날리고 '반년 만에 문 닫은 베이비부머의 편지'라는 사연을 보자. 창업의 세계가 만만치 않음을 보여준다.

친구에게!

회사 그만두고 먹는 장사 계획 중이라며. 내가 그 얘기 듣고 급한 마음에 이 메일 쓰는 거야. 제발 남들 다하는 먹는 장사 같은 건 하지 말라고. '내가 사장됐다'며 축하차 찾아왔던 서울 홍대 앞 '○○닭발집' 알지, 나 그거 6개월 만에 접었어. 회사 그만둔 지 10개월 만에 퇴직금 모두 날리고 괜히 가족만 고생시켰지. 사실 퇴직 1년 전쯤부터 홍대 앞에서 식당 자릴 물색했어. 회사 그만두면 딱히 할 일도 없고 '그저 먹는 장사가 최고겠지' 하면서. 그래도 못 미더워 시장조사랍시고 골목길도 헤집고 다니고 여기저기 잘한다는 닭발집에 몰래 가 맛도 보고 했어.

그 10평 남짓한 가게 차리는 데 퇴직금 1억 5,000만 원을 모두 쏟아붓다시피 했지. 계약금 5,000만 원에 월세가 500만 원이나 하더군. 또 인테리어 3,000만 원, 테이블부터 하다못해 접시까지 각종 집기 사는 데 2,000만 원 들었지. 거기다 주방 아줌마, 홀서빙하는 사람 임금 등 이럭저럭 한 달에 나가는 돈만 1,000만원 가까이 들었어.

처음엔 개장 기념으로 라이터도 돌리고 계란말이 서비스도 내놓고 했더니 꽤 장사가 됐어. 8개 테이블에 손님이 꽉 찰 때는 '이러다 금방 부자되겠다' 쾌재도 불렀지. 그런데 웬걸, 한두 주 지나니 손님이 뚝 끊기더라고. 주말 말고는 손님 구경하기가 힘들었어.

난 새벽마다 독산동 시장 가서 닭발 사고 밑반찬용 채소도 사 나르면서 피곤한 줄 몰랐어. 등록금 부담 줄인다며 군대 간 큰 놈하고 새벽마다 돕는다며 따라다니는 둘째 놈 생각해서라도 '죽기 살기로 하자, 여기서 무너지면 모든 게 끝이다'고 수없이 되뇌었고.

하지만 매출 없는 건 어떻게 배겨낼 수가 없더군. 그래도 매달 월세·월급은 꼬박꼬박 나가야 하고. 회사 다닐 때는 월급날만 기다렸잖아. 그런데 입장이 180도 달라지더라고. 월셋날, 월급 주는 날 되면 어디 꼭꼭 숨고 싶더라니까. 정말 어떻게 해야 하는지 아무나 붙잡고 물어보고 싶었지만 아무리 찾아도 주변에 마땅한 데가 없더라고. 결국 고민 끝에 문을 닫을 수밖에 없었어.

솔직히 아직도 이유는 정확히 모르겠어. 하지만 폐업을 하고 나니 이 골목 저 골목에 연일 새 가게가 문을 열고 또 닫고 하는 게 보이더군. 그때서야 베이비부머 은퇴자가 넘친다더니 진짜 다들 먹는 장사로 몰리는구나 싶더라고. 다들 '나는 다를 거다'며 뛰어들지만 결론은 비슷한 거지. 나도 뒤늦게 알았지만 소상공인진흥원 같은 데서 은퇴자를 위한 직업교육이나 창업교육 같은 게 있어. 혹시나 그래도 창업해야겠다면 꼭 찾아가 보게. 그런데 강사가 이러더군. '창업 전선에 뛰어들면 십중팔구는 3년 내 이 자리에 다시 온다. 눈을 낮춰서 조금 적더라도 월급받는 직장을 구하라'라고.

앙트레프레너십의 시대

앞에서 소개한 사연처럼 창업이 만만치 않고 성공이 어려운 것은 사실이나 도전하지 않으면 얻을 수도 없다. 이러한 현실에서 창업, 즉 자기의 사업으로 도전하는 것은 선택을 넘어 필수인 시

160

대가 되었다. 그렇기 때문에 올바른 앙트레프레너십(Entrepreneurship)이 주목을 받고 있는 것이다.

이것은 '기업가 정신'이라는 의미의 단어인데 최근 이 말이 도처에서 자주 쓰이고 있다. 그러면 앙트레프레너십이라는 단어가 우리에게 익숙해지게 된 이유는 무엇일까? 답은 간단하다. 전 세계는 지금 '스타트업 열풍'에 휩싸일 정도로 창업이라는 어려운 도전의 길을 선택하기 때문이다.

비록 현실은 어렵고 힘들더라도 자신의 길을 스스로 개척한다는 창업가들이 세계 도처에서 우후죽순 등장하고 있다. 그들은 혁신을 통해 새로운 가치를 창출한다는 정신으로 많은 관심을 받고 있는 것이다. 이때 앙트레프레너(Entrepreneur)는 혁신가 또는 창조적 파괴자라는 의미로 쓰인다.

이런 현상, 즉 창업의 열기는 외국만 그런 것이 아니라 우리나라역시 전례 없이 뜨겁게 확산되고 있다. 특히 학교의 지원을 받은 대학생들의 창업이 눈에 띈다. 이 같은 흐름을 주도하고 있는 대학 중에는 특성화 대학이라는 특징이 반영된 창업 인프라를 구축하고 있으며, 조만간 글로벌 창업의 등용문으로 급부상하겠다는 야심을 숨기지 않는다.

그럼 왜 앙트레프레너가 주목받는가? 누구나 부자를 꿈꾸지만 정작 부자가 되는 방법을 모르는 사람들이 너무 많기 때문이다.

부자가 되는 방법에는 여러 가지가 있겠으나 그중에서도 가장 중요한 것이 바로 '돈을 버는 능력'일 것이다. 농담이 아니다. 꼭 자기가 돈을 벌지 않아도 부자가 될 수는 있다. 부자 부모나 부자 배우자를 만나는 방법 등이다. 그렇지만 가장 중요한 것은 역시 자기가 돈을 벌 수 있는 능력을 갖추는 것이다.

돈을 버는 방법에는 여러 가지가 있겠으나 큰 틀에서 보면 다음 4가지를 꼽을 수 있을 것이다.

① 노동자 : 회사에 취직해서 자기의 시간을 돈과 바꾸는 일.
② 프리랜서 : 어디에 속하지 않고 자신의 시간을 돈과 바꾸는 일.
③ 기업가 : 궁극적으로 부를 만드는 시스템을 만들고 경영하는 일.
④ 투자가 : 자기의 자본을 가치가 오르는 곳에 투자해 돈을 버는 일.

이 중에서도 노동자와 프리랜서보다는 기업을 운영하는 기업가와 돈이 돈을 버는 투자가가 훨씬 많은 돈을 버는 것이 일반적이다. 문제는 학교에서는 노동자와 프리랜서가 되는 방법만 가르친다는 것이다. 그러므로 큰 부가가치를 창출하는 기업가나 투자가가 되는 방법은 학교 아닌 다른 곳에서 배워야 한다는 얘기가 된다.

지금 '다른 곳에서 배워야 한다'라는 당위성을 얘기하는 게 아니라 실제로도 그렇다. 돈 버는 얘기는 실제 돈을 벌어본 사람이 가르쳐야 정상이 아닌가? 스스로 돈을 벌어본 적이 없는 사람이 하는 공허한 얘기로 돈이 벌어지는 것이 아니다. 또 있다. 읽기만 하면 곧 부자가 될 수 있다는 책들이 넘쳐나는데 내용이 아무리 그럴듯해도 실제 돈 버는 것으로 귀결되지는 않는다.

사실 돈 버는 것이 쉽다면 원하는 사람은 누구나 부자가 되어야 정상이 아닌가? 그럴듯한 미사여구나 말 몇 마디로 부자가 될 수 있다면 희소성이 떨어지고 아마도 노력도 안 할 것이다. 어쨌든 부자가 되는 길은 창업을 하고 경영을 하는 기업가의 길이 가장 가까운 것이다. 그래서 앙트레프레너라는 말을 쓰는 이유이다.

부연설명할 필요 없이 어느 사회나 가장 적극적으로 부의 흐름을 만들어내고, 일자리를 창출하며, 나라를 운영하는 세금을 내는 창업가(기업가)가 많아져야 한다. 그중에서도 없었던 가치를 창조하는 앙트레프레너는 자본주의 사회에서 나라의 부를 결정하는 중요한 인재로 대접받아야 하는 것이다.

앞에서도 얘기했지만 앙트레프레너는 혁신을 통해 기존 질서를 파괴하고 새로운 가치를 창조하는 것을 뜻한다. 그렇기 때문에 한 나라의 부의 수준은 얼마나 많은 앙트레프레너를 가지고 있느냐로 가늠할 수 있는 것이다. 제대로 된 앙트레프레너는 기업을 세우고 세상에 적극적으로 가치를 제공함으로써 부를 창조하고 사람들의 라이프 스타일을 바꿀 수 있는 것이다.

그렇다! 이 세상은 어떻게 사고하느냐에 따라 그 양상이 굉장히 달라진다. 예컨대 낭떠러지에서 앞을 보면 심연이지만 돌아서서 보면 광활한 대지이다. 단지 앞을 봤느냐 뒤를 봤느냐 차이일 뿐인데 보여지는 결과는 극과 극인 것이다.

같은 논리로 퇴직은 비극(그렇게 생각하는 사람에게는)이 아니라 하루라도 빨리 준비한다면 희망에 찬 새로운 시작이 될 수 있다. 비록 퇴직이 주는 의미가 무겁고 두렵게 다가올지라도 자기의 인생을 위해 숙고하는 시간을 가져야 한다.

진부한 얘기같지만 준비성 있고, 미래지향적이며, 긍정적으로 사는 사람에게는 기회 역시 찾아오겠지만 매사 비관적이고, 과거지향적이며, 부정적인 사람에게는 오던 기회마저도 달아난다는 것이다.

개미가 돈 벌 기회는 드물다

연금술사 우리는 평생 자신을 남과 비교하며 살아갑니다. 그러기에 '나만 뒤처지는 건 아닌가'라는 두려움을 나타내는 포모(FOMO) 증후군이 유독 심한 나라입니다. 그중에서도 '나를 제외한 모두가 부자 같다'는 경제적인 의미의 두려움은 정도가 심한데 이는 포모를 뜻하는 'Fear Of Missing Out' 중에서 '공포'라는 단어가 눈에 띄는 이유입니다.

사람들은 타인과 나의 환경을 비교하고, 능력을 갖춘 사람과 내 능력을 비교하며 부러워하기도 하고 시기도 합니다. 그 결과 탄생한 한국만의 독특한 신조어는 세계인들이 주목하기도 합니다.

많이 회자되는 '금수저, 흙수저', '똘똘한 한 채', '갭투자', '이생망', '영끌', '벼락거지', '오징어 게임', '서학 개미, 동학 개미' 등등의 많은 신조어는 한 방향을 가리키고 있습니다. 바로 '부자가 되는 것'에 포커스가 맞춰져 있습니다.

그런 한국인만의 정서를 반영하듯 사람에게 가장 의미 있는 가치를 물었을 때 한국은 '돈'을 1위로 꼽는 거의 유일한 나라지요.

미국의 여론조사 기관에서 선진국을 상대로 설문조사를 실시했는데 대다수는 인생에서 가장 의미 있는 것으로 '가족'을 꼽았습니다. 두 번째로는 '직업'이 많았습니다. 세 번째부터는 나라별로 조금씩 차이가 나긴 하지만 주로 '경제적 풍요'였고, 그다음으로는 건강이나 친구, 사회생활 등을 꼽았지요.

그런데 한국은 유일하게 '경제적 풍요'를 1위로 답했다고 하니 평소에 한국 사람들이 돈 문제에 얼마나 전전긍긍하고 있는지를 조사를 통해서도 알 수 있지요. 다음 2위로 건강, 3위로는 가족을 꼽았다고 합니다. 재미있는 건 다른 나라는 대부분 '직업'이 2위인데, 한국은 5위 안에도 안 들었다는 것이지요.

이 부분이 큰 모순인데 예컨대 돈이 1위라면 상식적으로 직업이 2위가 돼야 맞지요. 돈을 벌려면 직장생활을 해야 할텐데 돈이 제일 중요하다고 하면서도 직업이 5위 안에 없는 것이지요. 이건 도대체 무슨 시추에이션일까요?

그것은 돈은 많이 벌고자 하고 부자가 되고자 하지만 성실하고 착실하게 일을 해서 돈을 번다는 생각을 안 한다는 것이지요. 또한 다들 자기 직업에 만족하지 못한다는 뜻이 되겠지요.

부연설명해보면 '월급 받아서 언제 돈 버느냐?'라고 생각하는 것이죠. 추가 설명할 필요도 없이 한 개인의 인생에서 직업은 굉장히 중요합니다. 그렇기에 외국, 특히 서유럽 쪽은 대부분 1위가 가족이고, 2위가 직업이지요. 그런데 우리는 직업이 5위 안에도 들지 못했다는 조사 결과입니다. 저들이 옳고, 우리가 그르다는 얘기가 아닙니다. 다만 어떤 가치로 살아가느냐에 따라 방법도 달라져야 하는 것이 아니겠습니까?

백만장자 지금 얘기하는 내용은 복잡한 것 같지만 결국에는 '돈을 벌고 싶다?'라는 화두에 귀결이 되는군요. 뜻대로 되면 좋은데 사실 돈을 많이, 그것도 빨리 벌고자 하는 것이 만만치 않지요. 그래서 전통적인 방식, 즉 일을 통해서가 아니라 다른 방식으로 일확천금했으면 하는 것이지요.

지금 남녀노소를 막론하고 다들 부동산 투자를 하든지, 주식 혹은 코인 투자를 하는 쪽으로 몰려 있지요. 이런 세태이므로 앞에서 얘기한 여론조사 통계는 한국 사람들의 현재 상태를 어느 정도 잘 반영하고 있는 셈이지요.

경제적인 능력을 추구하고 자본을 중시하는 현상이야 인간의 기본적인 욕망의 발로이고 전 세계적인 흐름이라고 이해는 됩니다. 하지만 한국이 유독 심한 편입니다. 조금 심하게 얘기하면 돈에 미쳐서 자기 건강을 해치고, 가족간 불화를 일으키고, 이혼을 하고, 자녀를 버리는 일이 벌어지고 있어요. 또 돈에 관련된 보험사기 사건은 끊임없이 계속되고요.

이런 현상이 나라를 위해서도 아니고, 사회 정의를 위해서도 아니며 오로지 개인의 경제적인 능력, 즉 돈을 위해서 그런다는 것이지요. 말하자면 사람들은 돈을 위해서라면 최고의 위험도 감수한다는 의미가 되네요.

주변에 보면 영끌해서 투자를 하는 사람들이 늘고 있습니다. 영끌은 '영혼까지 끌어모으다'를 줄인 말이지요. 자신이 할 수 있는 모든 돈을 다 끌어모아서 주식이나 코인에 투자를 하는 사람이 많습니다. 지금 한국 성인 중 절반 이상이 주식투자를 하고 있다는 통계도 있네요.

실제 주변을 보면 20~30대 젊은 사람들이 비트코인, 주식투자 등에 진짜 관심이 많지요. 그리고 현재 투자는 안 하지만 주식에 대해 공부하는 사람들도 많다는 것은 재테크에 대한 사람들의 관심이 크다는 반증이지요.

사실 부자가 되고자 하여 없는 시간을 쪼개 공부하는 것을 누가 말리겠습니까. 부자가 되어야 행복할 수 있다고 하는 얘기를 들으면 불편해 하는 사람도 있겠으나 그런 현실을 부인할 수도 없지요.

원론적으로 보면 자본주의 사회에서 '투자'는 꼭 필요한 일입니다. '자본주의의 꽃'이라는 주식은 기업이 돈이 부족할 때 그것을 모을 수 있는 방법 중 하나입니다. 돈은 있는데 이걸 효율적으로 굴리기를 원하는 사람과 기업을 효율적으로 운영할 수는 있으나 자금이 없는 사람을 연결하는 것이니 서로에게 윈윈하는 시스템이죠.

그러나 현재의 대한민국에서는 이런 기능보다도 개인의 재테크라는 측면이 너무 지나치게 부각되고 있어요. 물론 나쁠 것도 없고 생각대로만 된다면 참으로 좋겠지만 세상에 만만한 것은 없지요. 영끌을 하든, 어떤 다른 방법으로 하든 돈을 벌려면 리스크를 각오해야 하지요. 결정은 본인이 하지만 어떤 투자를 하려거든 돈을 잃어버릴 수도 있다는 것을 받아들여야 합니다.

오죽하면 '개미가 돈을 벌 기회는 유일하다. 그것은 자기가 산 종목에 우연히 작전세력이 붙었을 때뿐이다. 그것도 잽싸게 팔고 빠졌을 때 외에는 없다'라는 체험담이 전설처럼 회자되고 있을까요. 주식은 대개 좋은 기회만을 엿보며 기다리던 사람이 참여할 때는 거의 상투일 때가 많고, 참고 참다가 손해보고 털 때는 바닥일 때가 많지요. 그래서 어렵다고 하지요.

주식을 하든, 부동산을 하든, 그 종류가 무엇이든 돈이 있어야 돈을 벌 수 있는 것이 자본주의 시스템입니다. 물론 그것이 돈 버는 공부를 열심히 해야 하는 이유이기도 합니다. 이때 돈에 대한 자기 생각이 어떤가는 고려해야 할 중요한 요소가 아닙니다. 돈에 관한 한 전문가는 없기 때문입니다.

대개의 (금융)사기 피해는 탐욕에 기인합니다. 돈 벌 기회라면서 그것을 다른 사람에게 투자를 권유하는 것이 정상은 아니지요. 그러므로 돈에 관한 한 남을 믿어서는 안 됩니다. 자기 돈을 누가 불려줍니까? 투자는 자기 책임하에 하는 것이고, 자기 돈에 대한 최고의 전문가는 자기여야 하는 이유입니다.

성과 극대화를 위해
어떻게 해야 하는가

"사람들이 원하는 만큼 성공하지 못하는 것은
마음의 힘이 얼마나 큰지 이해하지 못하기 때문이다.
자기 안에 감춰져 있는 엄청난 힘을 깨닫지 못하는 데서 비롯된 것이다."

일론 머스크 테슬라 CEO를 보면 '꿈의 격차가 곧 부(富)의 격차가 된다'라는 말이 정확하게 증명된다. 그가 손대는 것마다 혁신을 일으켰고 시장엔 변화가 몰아쳤다. 그중에 머스크의 관심은 우주로 향한다. 미지의 우주는 인류의 오랜 탐구 대상이었다. 일론 머스크는 어린 시절부터 우주 정복의 꿈을 키웠다고 한다. 그래서 우주 탐사도 그만의 방식으로 뛰어들었다.

그의 접근법은 실현 가능한 것을 목표로 삼는 게 아니라 상상한 뒤 실현 방법을 찾는 것이다. 머스크는 2002년 사재를 쏟아부어 우주탐사업체 스페이스X를 세우며 본격적인 민간 우주기업 시대를 열었다. 게다가 '우주여행을 실현하고 화성에 인류를 이주시키겠다'는 폭탄선언도 던져놓은 상태다.

더 나아가 화성 식민지라는 꿈을 쏘아올린 머스크는 '상상하라, 그리고 실행하라'는 철학으로 모든 일을 밀어붙인다. 스페이스X를 설립하면서 민간 우주기업 시대를 열어가고 있는 그는 '많은 사람이 에베레스트에서 죽지만 그래도 사람들은 산에 오른다. 내가 가려고 하는 화성도 그렇다. 위험이 매우 크지만 그래도 나는 화성에 갈 것이다'라고 선언한다.

그 이후 그는 20여 년 가까이 숱한 실패를 했지만 괘념치 않는다. 그러면서 '실패도 하나의 선택지'이며 '실패하지 않는다면 충분히 혁신하고 있지 않기 때문'이라고 말한다. 그의 말을 듣다보면 공격적이라는 말 말고는 표현 방법이 딱히 떠오르지 않는다.

어쨌든 일론 머스크는 숱한 실패에도 불구하고 지도에 없는 길을 꾸준히 탐사하고 도전한 끝에 드디어 지난해에는 세계 최초로 민간 유인 우주선 크루 드래건을 통해 우주인을 보내는 데 성공하면서 꿈을 향해 한 발 더 다가서게 됐다.

사실 머스크가 2002년 '화성에 인간을 보내겠다'는 야심 찬 선언과 함께 스페이스X를 세웠을 때 세상은 괴짜 천재의 망상 정도로 치부했다. 그것을 증명이나 하듯 개발 지연과 폭발 사고가 잇따르면서 스페이스X의 파산설은 끊이지 않았다. 테슬라 투자자들이 머스크에게 '스페이스X에서 손을 떼라'고 요구할 정도였다.

하지만 머스크는 꿈을 하나씩 실현하며 인류의 새로운 미래를 그려가고 있다. 꿈꾸는 사람이 역사를 만들어 가는 것이다.

이런 머스크의 예에서 보듯 성공한 사람들의 이야기를 읽다 보면 꿈을 꾼다고 모두 성공하는 것은 아니지만 성공자들은 하나같이 꿈이 있었다. 꿈꾸는 사람이 역사를 만들어 가는 것처럼 부자가 되겠다는 목표가 있는 사람이 자신의 꿈을 이루는 것은 어쩌면 당연한 귀결이다. 아무런 생각 없이 가만히 있는데 어느 날 하늘에서 돈이 펑펑 쏟아져 자기 주머니에 들어오는 것은 아니지 않겠는가?

꿈을 꾸는 데도 돈이 드는가?

각도를 달리해서 그렇다면 '꿈을 꾸는 데도 돈이 드는가?'라는 얘기를 해보자. 약간 철학적인 질문이 되겠는데 쉽게 풀어서 그 질문에 답을 먼저 한다면 '그렇다'이다. 이에는 타당성 있는 객관적인 조사 결과가 있다.

한국보건사회연구원과 서울대학교 사회복지연구소가 펴낸 〈2019년 한국복지패널 기초분석 보고서〉에 의하면 소득 수준이 낮은 청소년들은 고임금 업종보다는 저임금 업종을 장래 희망 직업으로 선택하는 경향이 있었다는 것이다. 이는 가난하면 꿈도 가난해진다는 얘기다. 설문 결과 내용을 구체적으로 살펴보자.

일반 중산층 중학생은 장래 희망 직업으로 '법률 및 행정 전문직'과 '공공 및 기업 고위직'을 꼽은 비율이 각각 7.85%와 4.81%였지만 저소득층 중학생은 1.20%와 1.15%에 그쳤다. 반면 '조리 및 음식 서비스직'을 직업으로 희망한 비율은 저소득층 중학생이 12.04%로 일반층 중학생(4.75%)보다 월등히 높았다. 지금 직업의 귀천 운운의 얘기를 하는 것이 아니다. 기본적으로 좋고 나쁜 직업은 없다.

그렇지만 조사 결과처럼 부의 격차가 꿈의 격차로 이어지는 중간에 교육 격차가 있다는 것이다. 말하자면 교육 격차가 부의 격차를 확대 재생산하고, 이것이 다시 꿈의 격차로 이어지는 것이 오늘날 우리 사회의 모순되고 안타까운 모습이다.

부연설명 필요 없이 교육이 중요한 이유라는 것이다. 교육이 계층 이동 사다리로서 역할을 잃은 지 오래라는 자조가 널리 퍼져 있지만 그래도 교육에는 아이들이 미래를 꿈꿀 수 있게 하는 힘이 있다. 이 같은 사실을 잘 보여주는 것이 기업의 교육 기부 활동이다.

아버지의 사업 실패로 가세가 기울어 사교육은 엄두도 못 내던 중학생이 기업이 연결해준 대학생 멘토를 만나 도움을 받아 4년 전액 장학생으로 대학에 입학하고, 졸업 후에는 반도체 엔지니어로 삼성전자에 입사했다는 동화 같은 성공 스토리를 접할 때 누구나 자기 일처럼 뿌듯함을 느낀다. 또한 이런 스토리가 더 많이 만들어지길 기대하는 것은 모두가 같을 것이다.

그러면 이제 '꿈을 꾸는 데도 돈이 드는가?'라는 화두를 교육 격차가 아닌 다른 방향에서 접근해 보자.

대다수 사람들이 원하는 만큼 성공하지 못하는 것은 마음의 힘이 얼마나 큰지 이해하지 못하기 때문이다. 현재의 상황이 어떻든 마음이 가난한 사람은 인생이 자신들에게 닥친 우연한 사건이고, 스스로 세상에 대해 무기력하다고 생각한다. 그러나 이런 생각들은 자기 안에 감춰져 있는 엄청난 힘을 깨닫지 못하고 있는 데서 비롯된 것일 뿐이다. 마치 서커스단의 코끼리처럼 말이다.

자신의 마음에 갇혀버린 포로에서 탈출하라

예컨대 서커스단이 있고 그곳에 거대한 코끼리가 조그만 말뚝에 한쪽 발이 매인 채 살아가는 것과 비슷하다. 이 코끼리들은 말뚝을 뽑아버리고도 남을 만한 힘이 있고, 한번만 힘을 쓰면 언제 어디로든 걸어나갈 수 있지만 그렇게 하지 못한다. 왜 그런 것일까? 그 이유는 너무도 간단하다.

지금이야 어른이 되었지만 코끼리들은 새끼 때부터 말뚝에 매여 지냈기 때문에 달아나기에는 힘이 모자랐다. 여러 번 도망가려고 사슬을 당겨도 보지만 그때마다 실패를 경험한다. 자연히 새끼 코끼리들은 어디로든 갈 생각을 포기하고 그냥 지내게 된다.

이렇게 점점 자라 힘이 세어졌음에도 사슬이 풀리지 않을 거라는 믿음은 바뀌지 않는다. 드디어는 완전히 자란 코끼리들을 이제 말뚝에 매어놓지 않아도 달아나지 않는다. 길들여진 것이다. 이미 마음의 감옥에 갇혀버렸기 때문이다. 코끼리들은 영원히 스스로를 사슬의 포로라고 믿게 된다. 그리고 그 믿음은 스스로를 옥죄는 것이다.

'부의 격차가 꿈의 격차'가 되고 '꿈을 꾸는 데도 돈이 드는가?'에 대한 답으로서 이것 이상의 설명이 필요한가?

자신이 진정으로 원하는 삶을 가로막는 것이 무엇이라고 생각하는가? 주변 환경인가, 아니면 마치 코끼리처럼 환경을 자신의 힘으로 변화시킬 수 없다고 스스로 믿어버리는 본인의 선택인가? 부디 저 서커스단의 코끼리처럼 자신의 마음에 갇혀버린 포로가 아니기를 빈다. 혹시 그렇다면 사슬을 끊어라. 당신은 그런 힘과 능력이 있다.

이해되는가? 자신이 가진 능력은 어마무시하다. 여기서 전제하고자 하는 것은 꿈에서와는 달리 현실의 비법은 사람을 부자나 가난뱅이로 만드는 것 이상을 할 수 있다는 것이다. 행복하게 만들 수도 있고, 슬프게 만들 수도 있으며 새로운 인생을 창조할 수 있게도 한다. 그럼 현실에서의 비법이란 뭘까? 바로 '마음'이다.

코끼리의 사슬처럼 자신을 동여맨 마음의 감옥을 깨부수는 것이 우선이다. 우리 대부분은 자기 안에 얼마나 많은 가능성이 잠자고 있는지 깨닫지 못한다. 불행히도 현실의 비법은 특히 돈벌이 비법에는 사용설명서가 없다. 그래서 자주 무용지물이 되고, 잘못 이용되고, 남용되고 좌절하는 것이다.

잘 인식하지 못함으로써 대개는 이 어마어마한 선물을 사소한 것에 소모해버리기도 하고 특별한 사람들만 혜택을 누리는 불공평한 운명의 장난이라고 생각하기도 한다. 그러면서 이미 부자가 된 사람들의 부를 합리화시키는 그들의 생각에 이런 것들이 있다.

'그는 특별한 경우다, 시기와 장소가 잘 맞았다, 더할 나위 없는 좋은 인맥의 덕이다, 유산을 물려받았다 혹은 기회를 잘 잡았다' 등등에 '운이 좋았다'라는 것은 빼놓지 않는다.

그렇다면 과연 돈을 벌고 부자가 되는 것이 운의 덕일까?

오늘날 백만장자들의 80% 정도가 자수성가한 사람들이라는 점을 알고 나면 생각이 바뀔 것이다. 그렇다. 자신이 원하는 부와 성공을 얻지 못하는 것은 그의 두뇌나 인종, 성별, 집안 내력, 교육 수준, 연령 또는 불운 때문이 아닌 것이다. 다행이라고 생각지 않는가?

문제의 핵심은 사고방식인 것이다. 인생의 모든 것, 그것이 성공이든 부자든 인생의 모든 것은 혼자서 하는 게임이다. 자신의 사고방식에 따라 판단을 내리며 그 판단이 행동을 결정한다. 그리고 그 행동에 따라 성공 여부가 판가름되는 것이다. 말하자면 자신의 사고방식을 어떻게 바꾸는가에 따라 인생이 바뀐다. 문제는 대다수가 이런 사실을 깨닫지 못하고 살아간다는 것이다.

사실 성공과 부의 주인공, 즉 자신의 인생을 바꾸고 싶어 하는 사람이 과연 얼마나 될까? 믿기 힘들지만 무척이나 적다. 어느 유명한 학자는 이 부분을 아프고도 분명하게 얘기한다.

"마음을 바꾸는 일과 바꿀 필요가 없다는 것을 증명하는 일 중에서 선택을 해야 할 상황에 된다면 대부분 증명하는 일에 매달린다."

요리사가 식당을 하면 빨리 망하는 이유

마음을 바꾸는 것만으로도 부와 경제적인 자유가 가능해진다는 사실을 깨닫기만 하면 사람들이 기꺼이 바꾸겠다고 할까? 그렇지 않다. 사람은 어떤 것을 깨달았다고 해서 행동이 바로 바뀌는 게 아니다. 그러기에 자기도 모르는 사이에 조금씩 습관이 되어 젖어들게 하는 방법이 효과가 있다.

상황이 나쁠수록 이를 획기적으로 반전시킬 큰 목표에 매달리기보다는 당장 시행할 수 있는 작은 목표부터 차근차근 이뤄 나가야 한다. 이것이 바로 남들보다 더 자주, 더 크게 성공하는 비결이다. 그래서 '산을 오르는 게 겁날 때 이를 극복하는 가장 좋은 방법은 작은 언덕부터 넘는 것이다'라는 말은 누구나 새겨야 하는 충고이다.

어쨌든 적절한 사고방식을 가지면 옳은 결정을 할 수 있다. 그리고 옳은 결정에는 당연히 성공이 따른다. 그런데 이것은 변화한다는 것을 전제로 하는 것이다. 상황 변화, 시장의 변화, 고객의 트렌드 변화 등 주변이 바뀌고 있다면 그것에 따라야 하는 것이다.

어디에서 읽었는지 잘 기억은 나지 않지만 어느 셰프가 쓴 '요리사가 식당을 하면 빨리 망하는 이유'라는 글이 재미있다. 꼭 요리사가 아니라도 경영에 도움이 되므로 이번 장의 이해를 위해 소개한다.

소위 대박집이라고 말하는 식당들을 조사해보면 요리사 출신이 아닌 일반인인 경우가 대부분이다. 이는 요리를 잘 만드는 것과 경영을 잘하는 것이 근본적으로 다르기 때문이다. 흔히 말하는 요리사가 식당을 하면 더 빨리 망하는 이유가 바로 여기에 있다.

첫째, 자신의 요리가 최고인 줄 안다.

요리사는 엄청 고생하고 어려운 과정을 거쳐 요리를 배웠을 것이다. 하지만 그 기술도 손님이 인정해주지 않으면 아무 의미가 없다. 요리사의 기술은 중요한 것이지만 시간이 지나면 진화하고 발전해야 한다. 손님이 이해하지 못하는 기술은 의미 없는 것이다.

둘째, 맛에만 포커스를 둔다.

단지 식당에서 요리사로만 근무를 한다면 요리사는 맛에만 집중하면 된다. 하지만 식당의 오너가 된다면 문제가 다르다. 왜 그런가 하면 음식 맛은 손님의 수많은 선택요인 중 하나일 뿐이기 때문이다. 접근 원리가 바뀌어야 하는 것이다.

셋째, 요리 외에는 공부하지 않는다.

음식점은 음식을 파는 곳이기 때문에 음식을 연구하고 공부하는 것은 너무도 당연하다. 하지만 음식을 잘 팔기 위해서는 다양한 주제, 이른바 인문학적 소양도 갖춰야 하는 시대가 되었다. 세상은 바뀌는데 오직 자기 영역만 고집해서는 곤란하다.

넷째, 과도한 업무로 식당 밖으로 잘 나오질 못한다.

요리사들은 과도한 업무로 인해 밖에 나갈 기회가 많지 않다. 물론 성향 탓도 있겠으나 사정이 그렇다보니 그들에게는 식당이라는 작은 공간이 오로지 자기 세상의 전부가 되어버려 바깥의 세상을 잘 모른다. 세상은 바뀌는데 자기 우물 속에만 갇혀 있는 것이다.

다섯째, 자기가 잘하고 좋아하는 메뉴만을 고집한다.

일반적으로 요리사의 속성상 손님이 원하는 요리를 하기보다는 자신이

하고 싶은 요리를 하려고 한다. 손님이 원하는 메뉴가 아니라 자기가 좋아하는 메뉴를 고집한다는 것이 얼마나 모순되는가. 이렇기에 일반인들의 취향에 맞추고 그들의 생각을 읽어야 하는 것이다.

이 다섯 가지 정도가 되면 제목처럼 '요리사가 식당을 하면 빨리 망하는 이유'로는 충분할 것 같다. 아울러 업종이 달라도 경영이라는 측면에서 보면 숙지해야 할 내용임은 분명하다.

골프계에서 격언처럼 내려오는 얘기가 있다. '우승자의 필수 3요소는 실력(기술)과 운, 멘탈(정신력)이다'라는 것이다. 선수들은 이 가운데에서도 압박감과 싸워 이길 때 필요한 멘탈을 가장 중요하게 여긴다. 그러기에 오죽하면 잭 니클라우스 같은 대선수조차도 '골프의 80%는 멘탈'이라고 얘기한다.

이런 3요소를 앞의 셰프 사례에 대입하면 '운'은 자기의 의지로 할 수 없으나 '실력과 멘탈'은 자기의 의지 영역이다. 또한 이는 식당뿐만 아니라 세상 모든 일에 적용 가능한 것이다.

3장

꿈의 격차에서
부(富)의 격차가 온다

"골프 선수가
'내가 스윙하는데 골프공이 알아서 맞아주었다'와
부자가
'나는 쫓아다니지 않았는데 돈이 나를 따라왔다'라는 표현은
맥이 같다."

부자 전략도 배울 수 있다

연금술사 사람이라면 누구나 부자가 되어 재정적으로 독립하려고 하
지요. 가령 미국 작가 엘리 카마로프의 글에는 이런 대목이
있죠. '가난은 내가 저지르지 않은 범죄로 받는 형벌과 같다.' 이런 거친 표현이
등장한다는 것은 부자가 되는 것이 쉽지는 않다는 반증이겠지요.

그러다 보니 부자가 된다는 처방이 많기도 한데 책이나 SNS 등을 보면 '현재
부자가 아니지만 꼭 부자가 되려고 하면 지금과는 정반대로 생각해야 한다'라고
말하지요. 이 말을 해석해 보면 부자와 가난한 사람의 차이는 능력이 아니라 사
고방식에 있다는 반증이군요. 여러분이 보고 있는 이 책 역시도 큰 틀에서는 '부
자의 사고방식'에 많은 지면을 할애하고 있지요.

설명의 각도를 바꿔서 부자를 지향하는 '사업에 대한 개념' 혹은 '부자가 되는
본질'에 대해 알아볼까요. 이것은 꼭 사업만이 아니고 무슨 일을 하든 반드시 이

해하고 있어야 하는 내용이라고 볼 수 있죠.

가령 세상의 모든 사업은 '다른 사람 주머니 속에 있는 돈을 내 주머니로 옮겨놓는 것'으로 정의할 수 있어요. 그런데 누가 호락호락 자기 주머니에 있는 돈을 내놓겠어요. 그래서 일을 제대로 하려면 프로세스화, 즉 일하는 과정 자체를 시스템화해야 하지요. 이때 인간에 대한 이해가 필요해요.

인간의 속성은 쉽고 편하고자 하며, 공짜를 싫어하는 사람은 없지요. 그러므로 세상 모든 사업은 '적게 일하고 많이 버는 것'을 지향하지요. 이 부분이 바로 인간의 생리이자 본질이라고 할 수 있어요. 원리가 그러한데 무턱대고 열심히 일하는 것은 지치게 만들어요. 그래서 일을 편하고 쉽게 하려면 '습관'으로 해야 하는 것이에요. 바로 시스템 혹은 프로세스의 자동화라고 볼 수 있지요.

앞에서 저는 '사업은 합법적으로 다른 사람 주머니 속에 있는 돈을 꺼내 내 주머니로 옮겨놓는 것과 같다'고 정의했지요. 이때 다른 사람 것을 꺼내올 때는 경우가 다른 때가 있지요. 우선 강제로 빼앗는 경우가 있겠지요. 그것은 강도고요, 몰래하면 도둑질, 감언이설로 하면 사기꾼이죠. 반면에 비즈니스는 상대의 동의하에 그의 주머니에서 합법적으로 빼내는 것이지요.

그렇다면 사업이란 강도나 도둑질, 사기꾼보다도 더 노력을 기울여야겠네요. 그 누구도 순순히 호락호락 자기 주머니의 돈을 내놓으려 하지 않을 테니까요. 이런 원리는 비즈니스뿐만 아니라 세상의 모든 일에 동일하게 적용돼요. 가령 대통령이 되려면 유권자들이 자신에게 표를 찍게 만들어야 하고, 식당 주인이라면 소비자를 자신의 가게로 오게 유혹해야 하잖아요.

표현이 적절할지는 모르겠으나 재판을 할 때 유능한 변호사와 그렇지 않은 변호사의 차이점은 '어떻게 판사를 잘 속이느냐'의 차이겠지요. 결국 상대가 있는 세상의 모든 비즈니스는 '어떻게 잘 유혹하여 그의 주머니에서 돈을 빼내올 것인가'를 생각해야 하고 그 방식에는 분명 차이가 있을 것입니다.

백만장자 재미있네요. 사실 세상의 어떤 일도 성공자는 소수이고 훨씬 많은 사람들이 성공에 이르지 못하고 대충 살다 가지요. 이 또한 인류의 영원한 숙제이자 불변의 진리예요. 같은 원리로 많은 사람들이 책을 읽고 공부도 많이 하지만 꿈을 이루지 못하지요.

넘쳐나는 책이나 SNS 등에서 보면 성공과 부자로 이끌어준다고 그럴 듯한 미사여구에 좋은 얘기를 나열하지만 그 책으로 돈을 버는 사람은 책을 쓴 저자뿐이지요. 왜 그런지에 대해 그 해답을 지금 말씀하신 거예요.

"비즈니스는 다른 사람 주머니에서 내 주머니로 돈을 옮겨 놓는 것이다."

인생에서 선택권이 없는 사람일수록 자기의 처지나 입장을 옹호하는 풍부한 알리바이를 가지고 있어요. 왜 자기가 가난뱅이일 수밖에 없는가에 대해 그럴 듯한 핑계를 대지만 세상 사람들은 그런 것에 전혀 관심이 없지요. 오히려 현재 그가 무엇을 선택하고 결정할 수 있는 사람인가에 더 관심이 있지요.

가령 가난한 사람은 '돈이 많으면 내가 원하는 것을 할 수 있고 성공하게 되리라'고 믿지요. 반면 부자는 '성공하는 사람이 되면 돈도 따르지만 내가 원하는 것을 할 수 있다'고 생각하는 것이지요. 맞아요. 진짜 중요한 성공의 요체는 현재 '무엇을 갖고 있느냐'가 아니라 '누가 되느냐'인 것이지요. 다행스럽게도 그 '누구'는 훈련하고 익힐 수 있는 부분입니다.

에베레스트나 킬리만자로 정상에 오르기 위해서는 무턱대고 오르는 것이 아니라 조금씩 폐활량을 늘리고 베이스캠프에서 휴식을 취하며 다음 공격 목표를 점검합니다. 같은 논리로 돈을 벌고 꿈을 이루기 위한 방법은 분명히 존재합니다. 현실에서는 '그런 게 어디 있냐?'고 반문하고 믿지 않는 사람들이 더 많지만요. 분명한 건 반문하는 그들은 부자가 아닐 거예요.

킬리만자로에 오르듯이 신속한 경제적 자유, 부자가 되는 길에도 이미 성공적으로 입증된 루트와 전략이 있다는 것이지요. 물론 다른 사람이 나를 부자로 만들어줄 수는 없겠으나 축구팀의 코치처럼 부자가 되는 루트와 전략을 가이드 해준다면 그 목표달성에 크게 도움을 받을 수는 있을 것입니다.

물론 그것을 위해 지금 이 책을 읽고 있는 것이겠으나 어쨌든 성공 전략을 배우고 사용하여 실제 부자가 되는 것은 각자의 몫이 될 것입니다.

앞에서도 언급했듯이 가난한 사람일수록 자신이 옳다는 것을 증명하려 애쓰지요. 자신이 이미 다 알고 있는 것처럼 위장하면서 나는 단지 운이 나빠서, 세상이 잘못되어서, 남들이 알아주지 않아서 등등의 여러 가지 이유로 자기가 가난하게 사는 거라고 합리화하고 또 스스로 그렇게 믿지요. 그러나 아무리 풍부한 알리바이를 가진다 해도 성취가 없으면 공허한 얘기지요.

그러므로 정말 중요한 것은 가난한 사람의 입버릇처럼 '나는 다 알고 있다'고 중얼거리는 대신 방법을 찾고 제대로 어드바이스를 받아야 합니다. 어떤 방법으로든지 항상 배우고 성장하려는 노력을 해야 합니다.

반복하자면 지금 있는 곳, 환경 등은 중요하지 않습니다. 어떤 성공을 원하든 다 배울 수 있기 때문이지요. 항상 하던 일을 계속하면 항상 가진 것만 갖게 됩니다. 만약 자신의 방식이 있다고 한다면 그것이 어떤지는 이미 스스로 잘 알고 있을 것입니다. 현실이 이를 증명하고 있을 테니까요.

이렇게 부자와 가난한 사람의 차이는 생각과 행동에서 결정됩니다. 인간 사회의 모든 일은 어떤 생각을 가지고 어떻게 행동하느냐에 따라 결과가 결정되기 때문입니다. 결국 끊임없는 자기계발과 함께 자기가 원하는 분야의 전문성을 가질 때 그는 조만간 부자나 성공자 대열에 이를 것입니다.

새로운 인생을 위해
윤형방황을 극복하라

"젊은 물고기가 물었다. '저는 바다라 불리는 곳을 찾고 있어요. 어디로 가면 되나요?'
나이 든 물고기가 대답했다. '지금 네가 있는 이곳이 바다야.'"

인간 사회에서 중시하는 '시간(Time)'이란 존재하는 것이 아니다. 다만 연속적으로 일어나는 사건이 있을 뿐이다. 그래서 사전에서는 시간을 '과거로부터 현재를 거쳐 미래로 이어져 가는 사건들의 기간 안에서 측정되는 비공간적 연속체'라고 어렵게 정의되어 있다.

디즈니의 애니메이션 영화 〈소울(Soul)〉의 마지막 대사는 이렇다.

"매 순간순간을 살 거야."

오랜 시간(23년) 걸려 만든 영화가 전하는 메시지의 마지막 결정체인 셈인데 사실 한 편의 영화는 당시의 대중의식을 반영한다. 어쨌든 시간은 존재하지 않고 다만 연속적으로 일어나는 사건이 있을 뿐이라고 하니 우리는 시간 앞에 겸손해야 한다.

시간 얘기가 나왔으니 말인데 과거는 이미 지난 것이고 미래는 아직 오지 않은 것이니 나 자신이 소유할 수 있는 유일한 시간은 지금 이 순간뿐이라는 말이 된다. 이렇게 본다면 현재(present)는 선물(present)이 맞는 것 같다. 매 순간을 선물로 받아들이고 감사하며 살아가는 것이 삶의 본질적인 내용이 되어야 하는 것이다.

네가 찾는 바다는 바로 지금 여기야!

앞의 디즈니 영화 얘기를 조금 더 해보자. 영화에서 멋지게 연주를 마치고 나온 조가 허전해 하자, 도로테아는 이런 의미심장하고 멋진 이야기를 들려준다.

"바다로 가고 싶은 젊은 물고기가 나이 든 물고기에게 물었지. '저는 바다라 불리는 곳을 찾고 있어요. 어디로 가면 되나요?' 그러자 나이 든 물고기가 대답했어. '지금 네가 있는 이곳이 바다야.' 그러자 젊은 물고기는 다시 말하지. '여기요? 여긴 그냥 물이잖아요. 내가 찾는 건 바다라고요.' 이해되는가? 젊은 물고기는 바닷속에 살면서 바다를 찾고 있었던 거지."

물고기가 물속에 살면서 물(바다)이 무엇인지 모르듯 인간 역시 마찬가지이다. 자기가 원하는 것을 손을 뻗으면 잡을 수 있는 사회라는 바다에 살면서 자꾸만 물이라고 하면서 멀리서만 찾으려 한다. 과거를 후회하고 미래를 걱정하면서, 마치 시계추 같이 과거와 미래를 오락가락하며 지금 현재, 여기에 머물지 못한다. 매 순간이 나에게 주어진 삶의 선물임을 깨닫지 못하는 것이다.

영화는 인간의 욕망, 즉 행복, 성공, 돈이 무엇인지를 생각해볼 만한 의미 있는 힌트를 제공한다. 아마도 젊은 물고기는 수심과 온도 같은 바다의 조건을 상상하며 기준을 세웠을 것이다. '바다는 분명 이런 색이겠지' 라거나 '그곳은 완전히 다른 세상일 거야' 등등.

같은 논리로 사람은 누구나 행복해지기를 원한다. 그리고 행복에 대해 저마다 기준을 세운다. 경제적인 풍요, 학벌, 이상적인 배우자 등 각자가 생각하는 행복의 조건은 다양하다.

그렇지만 행복은 이미 우리 곁에 있는 것이 아닐까? 어쩌면 바다는 도달해야 하는 어떤 곳이 아니라, 살아 숨쉬는 현재를 섬세히 느껴보는 것일지 모른다.

성공과 부도 마찬가지일 것이다. 자기의 인정 여부에 관계없이 벌써 성공의 길로 가고 있는지도 모른다. 그러면서 성공의 결과로 엄청난 바다가 펼쳐질 거라 기대하지만 아마도 세끼 밥 먹고 가족과 친구들과 함께 보내는 일상은 크게 달라지지 않을 것이다. 그런 사실이 우리가 이미 바닷속에 살고 있다는 반증이다.

인생의 목표, 윤형방황을 끝내야 한다

사람이 눈을 가리고 걸을 때 아무리 똑바로 걸으려 해도 생각과 달리 커다란 원을 그리며 걷게 된다. 둥그런 원을 그리는 형태로 치우쳐 걷다가 결국에는 제자리로 돌아오게 되는 현상을 '윤형방황(輪形彷徨)'이라고 한다.

눈을 가리거나 사막과 같이 사방이 똑같은 곳을 걸으면 방향 감각을 잃게 되어 발생하는 현상이다. 그런 이유로 윤형방황은 산속 혹은 사막 등 조난자에게 종종 발생한다고 알려져 있다.

유난히 눈이 많이 오던 날, 알프스 산지에서 한 사람이 길을 잃었다. 그는 마을을 찾기 위해 눈 속을 매일 12시간씩 걸었는데 그렇게 13일 뒤에 구조가 되었다. 그는 하루에 12시간씩을 계속 걸었기에 꽤 멀리 떨어진 곳에 있을 거라 생각했지만 실상을 그렇지 않았다. 그가 구조된 곳은 길을 잃은 장소에서 불과 6km 반경이었다.

이와 같이 사람도 목표를 향해 열심히 달렸지만 결국 제자리에 있는 자신을 발견할 때가 있다. 이처럼 인생길 속에서도 종종 방향을 잃고 같은 자리를 뱅뱅 도는 윤형방황을 겪기도 하는 것이다. 재미있는 현상이지만 성공을 위해 극복해야 하는 것임은 분명하다.

모르는 사이에 빠지게 되는 인생의 윤형방황 내지 인생의 목표에 대해 생각해보는 재미있는 사례 하나를 더 보자.

사하라 사막 서쪽에는 '사하라의 중심'이라고 불리는 작은 마을이 있다. 지금은 이 오지로 매년 많은 여행자가 찾아오지만 레빈이라는 사람이 방문하기 전까지는 전혀 개방되지 않은 낙후된 곳이었다. 그곳 마을 사람들은 한 번도 사막을 벗어난 적이 없었다.

물론 시도한 사람들이 더러 있었지만 한 번도 성공하지 못했다. 이유는 한결같았다. 어느 방향으로 가든 결국에는 출발한 곳으로 되돌아오더라는 것이었다.

레빈은 그 말이 사실인지 알아보기 위해 직접 북쪽을 향해 걸었고, 3일 만에 사막을 빠져나왔다. 그리고 이번에는 마을 청년 한 명을 앞세워 청년을 따라갔지만 11일째 되는 날 사람들의 말대로 다시 마을로 돌아오게 된다. 자기는 분명 3일 만에 나왔음에도 말이다.

마침내 레빈은 그들이 사막을 벗어나지 못하는 이유를 알아냈다. 그 마을 사람들은 누구도 북극성을 몰랐던 것이다. 그렇지만 '낮에 충분히 휴식을 취하며 체력을 아꼈다가 밤에 북극성을 따라 걸으면 사막을 벗어날 수 있다'고 레빈이 알려준 대로 청년은 3일 만에 사막을 벗어나 경계 지역에 다다를 수 있었다.

훗날 청년은 사막의 개척자가 되었고, 그런 공로로 개척지 중심지에 동상이 세워졌으며 동상에는 이런 글귀가 새겨졌다.

"새로운 인생은 방향을 찾음으로써 시작된다."

그렇다! 방향을 찾아야 부자가 된다. 성공을 하고 부자가 된다는 목표는 좋으나 자기만의 북극성도 없고, 윤형방황처럼 계속 제자리를 걷고 있는 것은 아닌지 점검해 봐야 한다. 사람이 눈을 가리고 걸으면 20m마다 4m가량 한쪽으로 치우친다. 그래서 눈을 가린 채 오래 걸으면 결국 큰 원을 그리며 바퀴처럼 돌게 되는 것이다.

이것이 바퀴처럼 원형으로 방황한다는 윤형방황이 등장하게 된 배경이다. 인생도 마찬가지다. 준비는 없이 오직 욕망에 눈이 어두워 맹목적으로 걷다 보면 결국 제자리로 돌아오는 윤형방황을 거듭하게 된다. 이것을 끝내는 데는 2가지 방법이 있다.

① 곁눈질하지 않고 앞을 바라보며 걸어가기.
② 열심히 걷다 잠시 쉬고 다시 걷기를 반복.

정리하자면 이렇다. 어느 정도 갔다 싶으면 잠시 멈춰 서서 안대를 풀고 자기가 출발한 자리를 돌아본 후 거기서 새로운 목표지점을 다시 정하고 걸어가는 것이다. 북극성도 원리는 같다. 목표가 없다면 삶의 방향도, 시작도 있을 수가 없다. 또한 자기 인생에 과연 북극성은 무엇인지 정리해 봐야 하는 것이다.

특별한 이유가 없다면 사람은 누구나 성공을 하고 부자가 된다는 목표를 가지고 있다. 그리고 남 못지않게 노력도 한다. 그럼에도 계속 제자리를 걷고 있다고 느낀다면 인생의 윤형방황과 인생의 북극성을 점검해 봐야 하는 것이다. 이러한 때 브래드 헨리(Brad Henry)의 메시지는 큰 용기를 준다.

"자신을 믿으면 나머지는 제자리를 찾을 것입니다. 자기 능력을 믿고 열심히 노력하면 이루지 못할 것이 없습니다."

시도하지 않으면 얻는 것도 없다

한국전쟁 종군기자였던 에드워드 헌터(E. Hunter)는 전쟁이 끝난 뒤, 조사담당이었던 자신의 체험기를 《세뇌(Brainwashing)》라는 책에 녹여낸다. 그 책에서 그는 다음과 같이 주장한다.

"어마어마한 결과를 가져오기 위해 반드시 어마어마한 힘이 필요한 것은 아니다."

자신이 저술한 책에서 그는 중국 공산당 교도관들이 포로들에게 인간의 의지를 꺾기 위해 어떤 심리적 기술을 이용했는지, 어떻게 세뇌했는지를 적나라하게 폭로하고 있다.

장시간에 걸친 심문, 불규칙한 수면시간, 서 있기조차 힘든 작은 감방, 열악하고 부족한 음식, 가족으로부터 온 것처럼 꾸민 악의에 가득 찬 편지 등등…. 그들은 이러한 여러 가지 압력을 가하여 굴복할 포로와 그렇지 않을 포로를 구별하였다.

수용소에는 '최소 보안 구역'과 '최대 보안 구역'이 정해져 있었는데 교도관들은 정신력이 강한 포로들을 최대 보안 구역에 수용하였다. 이곳에 수용된 포로들은 자유를 되찾을 수 있다는 희망, 즉 아내와 가족, 집을 결코 버리지 않았다. 반면 최소 보안 구역에는 희망을 잃었거나, 고통을 피하려 하거나 공포에 질린 포로들을 집어넣었다.

정신력이 강한 포로들은 교도관의 눈치를 보지 않고 계속 탈출할 생각만 했다. 그러나 굴복한 나약한 포로들은 탈출할 수 있다는 믿음을 잃고 자포자기 상태로 '다음 끼니에는 따뜻한 국물을 먹었으면'하는 생각밖에 하지 않았다.

엄혹한 수용소였지만 자기가 원한다면 최소 보안 구역에서 탈출하는 것은 그리 어렵지 않았다. 울타리 하나가 유일한 장애물인 경우도 있었다. 하지만 최대 보안 구역에서 탈출하기란 거의 불가능했다. 교도관들을 속이고 경비견과 탐조등을 피한 다음 철조망을 기어올라 뛰어넘은 뒤에도 사막에서 살아남아야만 했기 때문이다.

사정이 그러함에도 놀랍게도 최소 보안 구역에서 탈출한 사람은 극히 드물었다. 명확한 목표가 없고 패배주의적 태도에 사로잡힌 이곳 수감자들은 탈출할 시도조차 하지 못했던 것이다. 그들은 실패할 것이라는 사고방식에 젖어 애초부터 시도하지 않음으로써 탈출하지 못하리라는 예상을 기정사실로 만들어버린 것이다.

하지만 최대 보안 구역에서는 훨씬 더 높은 비율의 미국 병사들이 탈출을 했다. 그들은 탈출할 기회가 올 때까지 자유에 대한 희망을 결코 버리지 않았던 것이다. 육체는 감옥 안에 있었지만 그들의 사고는 감옥 밖에 있었던 것이다. 자기가 있을 곳은 감옥 안이 아니라 밖이라고 믿고 있었던 것이다.

이 이야기에는 자신이 속해 있는 '고정 틀'에서 탈출하여 재정적인 성공을 성취하고자 하는 모든 사람들에게 주는 참고할 만한 좋은 교훈이 담겨 있다.

재정적 성공에 대해 얘기할 때 감옥이란 사실 정신적 감옥을 의미한다. 이것은 자신의 상황을 개선하거나 긍정적 목표를 성취하기 위해 노력하기는커녕 목표를 이루는 모습을 상상조차 하지 못하도록 가로막고 있는 사고와 태도, 공포, 두려움 등의 집합체를 말한다.

그렇다! 현대인들은 사고의 감옥에 갇혀 있는 것이다. 그렇지만 급변하는 시대에 재정적으로 성공하려면 자기를 가두고 있는 감옥을 과감히 부수고 탈출해야 한다. 더 많은 수입을 가능하게 하는 파이 프라인을 구축해야 하는 것이다.

정도의 차이는 있으나 가난뱅이들은 스스로를 최소 보안 구역에 가두고 있다. 그래서는 결코 부자가 될 수 없다. 자신을 가두고 있는 감옥을 벗어나야 한다. 그것도 행동이 빠를수록 결과 역시 좋다는 것은 말할 필요도 없을 것이다.

그러면 가난이라는 굴레를 벗어나지 못하는 감옥은 무엇일까? 이 책의 전반에서 다루고 있는 주제이나 우선 몇 가지만 보자.

새로운 것을 받아들이는 적극성이다.

가난한 사람들의 특징은 변화를 두려워하여 새로운 것을 받아들이지 못한다. 부자들과 달리 무엇인가를 새롭게 배워야 한다는 것을 두려워하는 것이다. 그들 앞에는 항상 TV가 켜져 있고, 심지어 잠드는 순간까지도 혼자 있는 조용한 순간에 할 수 있는 것이 없다. 독서는 지겹고 공부는 더 지겨우니 무엇인가 창조하는 것은 불가능하다.

만나는 사람이 항상 정해져 있다.

변화가 두려우므로 새로운 사람을 만나는 것을 스트레스라고 여긴다. 때문에 매일 만나는 사람들만 만난다. 만나서 나누는 주제도 정해져 있다. 시시콜콜하고 발전적인 것은 없다. 그런 속에서 자기들끼리 띄워주고 자존감을 회복하려고 하나 그 나물에 그 밥이니 크게 발전이 있을 리가 없다.

생각하고 판단하기를 두려워한다.

자신이 스스로 생각하고 판단한 것이 아니라 어디서 주워들은 이야기만 백날 읊어대며 모두가 알고 있는 사실만을 진실이라고 우긴다. 자기 생가이 없으니 무슨 얘기만 들으면 스마트폰부터 연다. 그러면서 '부모 말, 옛말이 하나 틀린 게 없다' 등등을 말한다. 가난한 자들이 주로 사용하는 말이다.

항상 안전한 것만 찾아다닌다.

성공의 반대는 실패가 아니라 도전하지 않은 것이다. 사실 고수익은 고위험에서 나온다는 말은 자본주의의 진실이다. 평생 안전한 것만 찾아다닌 노년은 안전한 리어카를 끌며 폐지를 주워야 한다. 행운도 노력하는 과정에서 얻어지는 결과이다. 복권을 사지도 않고 내가 당첨만 되면 어쩌고저쩌고 하는 것은 진짜 웃기는 것이다. 우선 도전해야만 결과를 알 수 있는 것이다.

돈의 주인으로 가는 첫걸음

연금술사 사람들의 일상은 대부분 경제활동과 연관됩니다. 구체적으로 보면 생산적인 경제활동을 하면서 돈을 벌어 소비행위를 합니다. 어찌 보면 돈을 벌고 돈을 쓰는 것, 즉 '돈'이라는 키워드가 우리 삶을 이해하는 도구가 되는 것 같습니다.

물론 자기 힘으로 경제활동을 할 수 없어서 국가나 지방자치단체에서 주는 보조금으로 생활하는 노인이나 장애인 등도 있고, 수십 년간을 열심히 일(노동)을 하며 매달 받은 급여에서 꼬박꼬박 연금을 납부함으로써 은퇴 후 연금을 받는 사람도 있습니다. 풍족할 수도, 부족할 수도 있으나 어떤 경우이든 돈 문제로부터 자유로움을 추구하는 것은 같습니다.

그렇기 때문에 돈에 관한 한 다다익선(多多益善)이라는 말이 통용됩니다. 많으면 많을수록 좋다는 것인데, 대부분 부자가 되었으면 좋겠다는 생각을 가지고 있으므로 이 말에 동의하는 사람은 많을 것입니다. 그러나 한편으로는 인간의 위선이 가장 넘치는 부분이 바로 이 부분이기도 합니다.

지크문트 프로이트는 유대인이고 그 자신이 돈을 사랑하는 사람이라고 주장하기도 합니다. 그러면서 인간의 위선적이고 표리부동한 자세를 신랄하게 꼬집고 있습니다. 이렇게 얘기하면서 말이지요.

"사람들에게 돈에 관해 질문하면 섹스에 관한 질문을 받았을 때처럼 거룩한 척하며 모순적 태도로 답한다."

그 자신 대학자로서 '돈, 돈, 돈' 하다 보면 속물 같기도 하고 민망한 부분도 있을 텐데 인간의 위선에 대해 정면으로 반박하고 있는 것이지요. 그의 얘기를 인용할 필요도 없습니다. 많은 사람들이 돈 얘기만 나오면 거룩한 척하고 모순된 태도로 일관합니다. 속에서는 돈을 사랑하고, 돈이나 부를 더 얻고자 하는 욕망이 도사리고 있음에도 겉으로는 물질보다 정신을 무척이나 앞세우는 인상을 주려고 애쓰는 모순성을 발견하곤 합니다.

그 결과는 진정으로 원하는 것, 즉 속으로 바라는 것은 자신으로부터 멀어져가고 겉으로 위선을 부린 것을 얻게 됩니다. 더 악성은 그렇게 스스로 부를 배척했으면서도 '나는 왜 안 될까?'를 고민하는 코미디를 보여준다는 것입니다. 자기 스스로의 위선의 결과인지를 모른다는 것인데 좋으면 좋다고 하고, 원하면 원한다고 해야 합니다. 그것이 부자가 되는 스타트 라인입니다.

물론 돈도 인간 사회의 한 단편이므로 위선적인 요소가 있을 것입니다. 그렇지만 물질에 대한 바른 관념과 철학을 갖추는 것은 중요합니다. 그를 통해 돈이나 물질은 자아실현의 도구라는 것을 명심해야 합니다. 돈이 인간의 행복과 복지를 방해하는 요소가 아니라 삶의 목적과 방향을 유지시켜주는 도구요 수단으로 여겨야 합니다. 돈이나 부, 금융 등에 대해서 본질을 제대로 파악하면 그것이 곧 돈의 주인으로 가는 첫걸음이 아니겠습니까?

백만장자 삶이라는 무대에는 경제활동 역시 다양합니다. 육체적, 정신적으로 노동을 제공함으로써 일정액의 급여를 받거나, 사업으로 돈을 벌어 부(富)를 쌓은 사람들도 있지요.

한편에서는 부동산 투기를 통해 불로소득적인 부를 쌓은 사람도 있고, 주식투자 등 다양한 방법으로 돈을 벌어 생활과 경제적인 여유를 즐기고 사는 분들도 있습니다. 그렇지만 불행하게도 투자나 사업을 잘못해 돈을 날려버린 경우도 있고, 지인들에게 돈을 빌려주었으나 받지 못해 경제적인 어려움을 겪은 분들도 존재하고 있습니다.

결국 우리 인생은 돈을 벗어나 생각할 수는 없습니다. 이런 당위성 외에 돈을 사랑해야 하는 이유로는 화폐 자체보다도 그것이 제공하는 선택이라는 스펙트럼의 확대 때문이지요. 예컨대 식사를 하는데 호텔에 가서 비싼 식사를 근사하게 할 수 있는 사람과 주머니 사정상 동네 식당에서 해장국을 먹을 수밖에 없는 것의 차이라고나 할까요. 물론 호텔에서 비싼 가격을 지불할 수 있는 능력이 있으나 자기가 좋아하기에 시장에 가서 해장국을 먹을 수는 있습니다.

어쨌든 이것을 '선택의 자유'라고 하지요. 공격적인 말인데 돈이 있음으로써 자신이 원하는 것을 할 수 있다는 뜻이며, 사실 이것은 돈이 제공하는 많은 혜택 중에서도 가장 큰 것이지요. 이런 관점에서 보면 부자는 '자기가 원하는 대로 소비활동을 하면서도 돈이 남는 사람', 말하자면 경제적인 여유를 누릴 수 있는 사람이라고 개념을 세울 수 있겠군요.

나열하는 것 자체가 진부하긴 하지만 돈이 주는 혜택은 많습니다. 가령 자기가 해야 할 일을 월급 주고 다른 사람을 고용함으로써 대신 하게 할 수도 있고, 남을 도와줄 수도 있으며, 더 좋은 부모, 더 좋은 자식이 될 수도 있습니다. 이런 많은 것들 중에서도 '선택의 자유'는 의미가 큽니다.

이는 좋아하는 것을 선택한다는 것을 떠나 생과 사를 구분하는 기준으로도 작용하는 사례가 많습니다. 역사상 이런 사례가 흔하고 가난한 사람의 입장에서는 우울한 얘기임이 분명하므로 대표적인 사례 하나만 보지요.

영화로도 유명한 이야기인데 세월을 많이 거슬러 1912년 영국의 초호화 여객선 타이태닉호가 빙산과 충돌해 침몰했습니다. 이때 승무원과 승객을 포함한 2,224명의 탑승자 중에서 생존자는 711명이었지요. 그런데 생존자를 보니 1등실 승객은 319명 중 200명(63%)이 생존했고, 2등실은 269명 중 117명(43%), 3등실은 699명 중 172명(25%)만이 살아남았습니다.

말하자면 승객들의 생존율은 그들이 지불한 탑승요금과 정확하게 비례했던 것입니다. 생과 사의 갈림길에서도 돈은 힘을 발휘한 것입니다. 이때 1등실 요금은 30파운드, 2등실은 13파운드, 3등실은 8파운드였습니다(30파운드는 현재 약 2,200파운드). 전혀 예측이 불가능한 미증유의 피해를 맞아 1~2등실 승객들은 갑판 가까이에 있어서 재빨리 탈출할 수 있었던 것입니다.

그렇지만 3등실은 배의 맨 앞이나 중간 쪽에 위치해 있어서 승객들이 갑판 밖으로 나오려면 미로와 같은 복도를 헤매야 했습니다. 그러는 사이 물이 선실 안으로 차올랐고 구명보트는 동이 나 버렸습니다. 결국 승객들의 생사(生死)를 가른 것은 다름 아닌 티켓의 가격이었습니다. 말하자면 극한 상황에서 삶과 죽음을 갈라놓은 것은 돈이었던 것입니다.

이렇게 돈(가격)은 사회의 이면을 보여주는 도구인 셈인데 분명히 타이태닉호의 요금 체계와 생존율 사이의 관계는 '경제적 불평등'을 반영하고 있는 것입니다. 결국 '사람이 부유할 때, 그의 생명이 (빈곤층보다) 더 높은 가치를 갖는 것처럼 보인다'는 명제는 의심의 여지가 없다는 것이 증명되었습니다. 가난한 사람이 부자가 되어야 하는 이유로 더 이상의 무슨 설명이 필요하겠습니까.

강점을 키움으로써
약점을 적게 하라

"삶의 진정한 비극은 우리가 충분한 강점을 갖지 못한 데에 있는 것이 아니라
이미 갖고 있는 강점을 충분히 활용하지 못하는 데에 있다."

세상 모든 일, 특히 비즈니스에서 체험을 해보지 않은 사람이 하는 충고는 잘못된 길로 이끄는 허망한 처방이 될 수 있다. 그중에 가장 치명적이고 잘못된 것 중의 하나가 '성공은 노력에 달려 있다'는 것이다. 듣기에는 그럴 듯하나 그 자체가 성공을 하는 데는 치명적인 착각이 될 수 있다.

동의가 어려운가? 그렇지가 않다. 가령 그런 착각의 영향으로 부자가 되고 성공을 도와준다는 그 많은 책을 읽고 열심히 공부해도 성공과는 거리가 멀다는 것이 이유이다. 결과가 너무 허망한 것이다.

이는 노력을 폄하하고자 하는 것이 아니다. 노력이라는 행위는 중요하다. 예컨대 노력한다고 모두 성공하는 것은 아니겠지만 노력하지 않고 성공하는 경우는 없기 때문이다. 얘기하려는 요지는 노력을 하되 약점을 보완하는 것이 아니라 강점을 강화시키는 쪽으로 노력을 해야 한다는 것이다. 잘하는 것을 더 잘해야 한다. 그래서 벤저민 프랭클린(B. Franklin)은 다음과 같이 얘기한다.

"인간 삶의 진정한 비극은 우리가 충분한 강점을 갖지 못한 데에 있는 것이 아니라 이미 지니고 있는 강점을 충분히 활용하지 못하는 데에 있다."

그렇다! 강점을 키움으로써 약점은 적게 만들어야 한다. 사람은 진정으로 노력한다면 어떤 분야에서든 일시적인 성공을 거둘 수 있다. 하지만 문제는 그러한 사람들끼리의 경쟁 상황이다. 결국 큰 성과는 문제를 해결하는 것과 함께 새로운 기회를 개발함으로써 얻어지는 것이다. 장점을 강화하고 약점을 희석해야 한다.

가령 사람은 크게 봐서 주어진 일에 반응(Reactive)만 하는 사람과 주도적으로 새로운 일을 개척해 나가는 적극적이고 능동(Active)적인 사람으로 나누어진다. 그리고 그 둘 중 하나를 선택하는 순간 미래의 운명이 결정되는 것이다.

따라서 자기가 하고 있는 일에 기본적인 강점을 갖추고 있는지 확인해야 한다. 그 후에 확고한 믿음을 갖고 시간과 에너지를 그 강점에 집중하도록 해야 하는 것이다. 이때 필요조건이 선택의 문제이다.

결정장애, 햄릿 증후군에 시달리는 사람들

최근에 '햄릿 증후군'에 시달리는 사람이 많다. 햄릿의 대사인 '사느냐, 죽느냐, 그것이 문제로다'로부터 기인한 용어로서 이는 선택을 하지 못하는 증세를 말한다. 인간의 삶 자체가 선택의 연속이라고 볼 때 이것은 심각한 결과를 야기하게 된다. 어떤 것을 결정해야 할 때 망설이는 것으로 '결정장애'라고도 부른다.

용어가 어떻든 사람이라면 날마다 어떤 선택을 하며 살아가야 한다. 오늘은 무슨 옷을 입고 어느 식당에 가서 뭘 먹을까? 그 사람을 만날까 말까? 이걸 살까 말까 등등 항상 선택을 해야 하고, 그 선택은 그 누구도 아닌 자기가 하는 것이다.

사실 이럴 수도 있고 저럴 수도 있는 게 사람이다. 분명한 것은 어느 쪽을 선택하느냐에 따라 그 사람의 미래가 달라진다는 점이다.

선택은 사전적 의미로는 '여러 가지 동기 가운데 하나를 골라내는 것'을 말한다. '순간의 선택이 평생을 좌우한다'라는 광고 카피처럼 한순간의 선택이 실제로 인생을 바꾸어놓을 수도 있다.

어쨌든 자기의 선택은 누구의 지시로 이루어지는 것이 아니고 본인 스스로 결정하는 것이다. 그러므로 본인이 결정한 것에 대해 진행 상황과 결과에 대해서도 본인이 책임을 지는 것이다.

선택을 할 때 사람들은 당장 부담 없고 쉽고 즐거운 것을 택하는 것이 일반적이다. 이는 인간의 고통이나 어려움, 수고를 싫어하는 특성 때문이다. 문제는 그 쉬움과 편함에 너무 익숙해지면 해이해지고 타성에 젖게 된다.

물론 선택이 아니라도 어떤 것을 결정할 때는 책임이 따른다. 그것을 피하기만 하는 한 돈을 벌고 부자가 되는 꿈도 버려야 한다.

베블런 효과(Veblen effect)라는 말이 있다. 가격이 높아지면 제품을 고급이거나 특별한 것으로 인식해 수요가 증가하는 현상을 말한다. 자기 이름을 붙인 베블런에 따르면 이런 현상이 생기는 배경에는 비싼 가격을 지불할 수 있는 재력과 지위를 과시하려는 유한계급의 과시 성향 때문이라고 설명한다.

사실 자기를 과시하려는 것은 자기 열등감의 또 다른 이름이다. 자기 자신이 남보다 잘났다는 것을 과시하여 만족을 얻으려는 욕망에서 시작되는 것이기 때문이다. 욕망은 발전의 원동력이 될 수 있지만 이때에도 자기과시 욕망만은 반드시 버려야 한다. 과시하기를 좋아하면 불필요한 욕심이 커지고 지나친 욕심은 인생을 불행으로 몰고 가는 주범이 되기 때문이다.

베블런 효과는 고급 자동차나 유명 디자이너 의류, 빈티지 와인, 명품 가방, 보석류, 모피 코트 등이 주요 대상이 된다. 물론 이런 것도 의미가 있겠으나 사람들은 나이가 들수록 명예욕을 경계할 것을 충고한다. 자기가 꽤나 잘났다는 것을 보여주기 위하여 자랑을 하려는 것 역시 미숙한 정신연령에서 비롯된 것이기 때문이다.

사람들의 본성은 정도의 차이는 있겠지만 오만과 건방 떠는 것을 싫어한다. 이것을 이해하지 못한 어리석음은 큰 실수에 봉착하게 된다. 베블런 효과 역시 본질은 선택의 문제에서 기인한다. 가령 부풀린 자랑은 반짝할 수 있으나 곧 무너지게 되어 있다.

부연설명이 입이 아프지만 다시 언급한다면 세상은 겸손한 사람을 좋아하고 존경한다. 자기를 낮출 줄 아는 사람을 사랑하며 그런 사람을 신뢰하는 것이다.

결국 다른 사람이 나를 알아주지 않는 것을 괴로워하지 말고 내가 남을 잘 알지 못함을 안타까워해야 하는 것이다. 이것은 내가 선택할 수 있다. 어떤 삶의 가치와 자세를 가질 것인가는 자기 스스로가 결정할 수 있는 것이다.

선택은 자유지만 결과는 자유가 아니다

성공하고 뜻을 이룬 사람들이 소수인 것은 재능 탓이라기보다는 의지의 탓이라고 할 수 있다. 그리고 그 의지는 바로 선택이라는 말에 귀결된다. 앞날의 성공을 위해 오늘의 즐거움을 포기하고 몸부림치는 사람이 성공의 대열에 설 수 있다. 그것은 역사에 등장하는 모든 성공자들의 공통점이며 이에는 예외도 없다. 선택하는 순간에 오늘만 생각하느냐, 아니면 미래, 즉 내일도 생각하느냐가 성공과 실패의 분수령인 것이다.

가령 어떤 선택의 순간에 대충 기분 내키는 대로 분위기에 휩쓸려 결정하다 보면 그것은 자기 자신에게 평생 돌이킬 수 없는 쓴맛을 보게 하는 결과가 되고 만다. 이러한 때, 즉 어떤 것을 선택할 때 오늘이 아니라 내일을 먼저 생각한다면 당장은 손해고 힘들더라도 그것은 옳은 선택일 가능성이 크다.

그러나 선택지를 오늘이 아닌 내일에 놓고 선택하는 사람들이 얼마나 될까? 흔히 '선택은 자유'라고 한다. 좋은 말이기는 한데 진짜 중요한 것은 '결과는 자유가 아니다'라는 것이다.

손흥민 선수가 영국 프리미어리그에서 득점왕을 차지하며 최고의 선수임을 증명했다. 그가 한국뿐만 아니라 전 세계 팬들에게 사랑받는 이유는 단순히 축구 실력 때문만은 아니다. 경기 외적으로 그에 대한 일상이나 팬들을 대하는 모습들을 보면 그가 얼마나 겸손하고 사랑받을 자격이 있는 사람인지를 보여준다. 그런 아들보다 더 주목받고 있는 사람이 아버지 손웅정 씨다. 그의 얘기이다.

"사람들은 나를 보고 손가락질하곤 했지요. 엄하게 혼낼 때는 저거 아비도 아니라며 욕을 했고, 다른 한편 저렇게 감싸고돌면서 무슨 선수를 만들겠냐고 흉을 보는 소리가 여기저기서 들렸지요. 누가 뭐라고 하든 신경 쓰지 않지만 그때나 지금이나 똑같이 말하고 싶어요. 내가 가장 좋아하는 축구선수는 손흥민이고, 나는 세상에서 가장 행복한 볼보이라고 말이지요. 내가 아들과 축구를 한 시간은 그 무엇과도 바꿀 수 없는 시간이라고 할 수 있어요."

그는 '선택은 자유지만 결과는 자유가 아니다'라는 것을 몸소 보여주고 있다. 축구라는 게 발만 가지고 하는 게 아니다. 발이 아닌 정신적인 부분이 훨씬 더 중요하다.

사실 수많은 축구 유망주들이 엄청나게 발굴되고 주목받지만 손흥민 선수처럼 월드클래스 반열에 오르는 선수는 정말 드물다. 그러한 이유는 스타가 되면서 사람들의 주목에 거만해지고 훈련을 게을리하거나 팬에 대한 소중함을 망각하기 때문이다.

손흥민 선수가 성장하면서도 항상 겸손한 모습을 보이는 배경에는 그의 아버지 손웅정 씨가 있기 때문이다. 그런 이유로 '나의 축구는 온전히 아버지의 작품이다'라고 손흥민 선수는 자신의 축구를 정의한다. 한 명의 세계적인 축구선수를 만들기 위해 그의 아버지가 엄청나게 고생했음을 짐작할 수 있다.

손웅정 씨는 처음부터 자기가 코치가 되어 어릴 때부터 아들을 가르쳤다. 우리는 기초라고 하지만 그것 외적인 요인이 있다. 예컨대 손흥민 선수가 재능을 보이자 제도권으로부터 많은 러브콜이 있었음은 짐작할 수 있다. 그러나 그는 아들이 제도권에 편입되는 순간 월드클래스에 갈 수 없음을 알았다.

"어려서 해야 할 부분을 소홀함 없이 해야 성인이 돼 좋은 경기를 할 수 있지요. 어렸을 때 충족해야 하는 부분을 제대로 가져가지 못하면 성인이 됐을 때 좋은 경쟁력과 좋은 경기력을 가져갈 수 없지요. 본인이 기본이 잘되어 있을 때 경쟁력이 있고, 경기를 지배하고 즐길 수 있는 것이지요."

그러기에 아버지의 선택은 오직 스승 같은 아버지, 아버지 같은 스승으로 마치 도제식으로 직접 가르치는 것이었다. 그래야 꽃도 피기 전에 시드는 무수한 유망주들처럼 잔재주와 기교에 물들지 않고 기본기라는 본질에 탄탄한 최고의 선수로 태어날 수 있음을 알았던 것이다. 톡톡 튀는 개구리는 절대 높이 뛸 수 없다. 웅크렸던 기간에 힘을 비축해야 높이 도약하는 것이다.

물론 본인도 열심히 했겠으나 그런 신념에 가득 찬 스승이 옆에 있었다는 사실은 손흥민 선수에게는 큰 행운이다. 당연하지만 스승이 직접 그라운드에서 뛰는 것은 아니나 그런 멘토가 있었기에 손흥민 선수의 재능이 빛을 발하는 것이다. 이런 점은 세상 모든 일에도 통용된다. 이 책의 주제인 부자와 성공도 맥은 같다.

강점을 강화시킴으로써 약점을 보완하라

이 장에서는 '강점을 강화시킴으로써 약점을 커버하라' 쯤의 얘기를 하고자 했는데 조금 돌아온 것 같다.

흔히 성공을 위해서는 자기가 부족한 부분, 즉 약점 보완을 위해 많은 노력을 하라고 충고한다. 들어보면 그럴 듯하기도 하다. 그러나 이 또한 실제 해보지 않은 사람들이 이론으로만 하는 허망하기 이를 데 없는 충고이다. 왜냐하면 그런 방법으로는 절대 성공을 할 수 없기 때문이다. 자기가 쓸 수 있는 에너지는 한계가 있고 그 힘을 한군데 집중해도 어려운데 그것을 분산하라고 하는 것이다.

로시(Rossi) 오페라단이 1886년 6월 브라질에서 〈아이다〉를 공연하고 있을 때였다. 당시 이 오케스트라는 지휘자와 연주자들 간의 사이가 좋지 않았다.

지휘자는 리허설 도중 단원들과 마찰을 빚게 되었고, 사태는 점점 커져 급기야 가수들의 보이콧 선언으로까지 이어졌다. 지휘자는 리더로서의 통제력을 완전히 상실하자 몸이 아프다는 핑계로 도망치

듯 공연장을 나가 버렸다.

부랴부랴 부지휘자 아리스티데 벤투리가 포디엄(지휘자가 오르는 단)에 올랐지만 불같은 성격의 브라질 관객들은 수준 이하의 지휘자에게 야유를 퍼부었고 그마저 무대에서 쫓겨나듯 내려와야 했다. 이제 더 이상 대타로 나설 지휘자가 없는 상황에서 한 오케스트라 단원이 첼리스트를 지목하며 말했다.

"저 젊은 첼리스트에게 지휘를 맡겨보면 어떻겠소? 저 청년은 우리 오케스트라에서 유일하게 스코어(악보 총보) 전체를 외우고 있는 사람이오."

단원들은 하나둘 그 의견에 동조했고, 이제 겨우 19세의 첼리스트는 등 떠밀리듯 무대에 올랐다. 지휘봉을 잡은 첼리스트는 곧장 악보를 덮어버리더니 3시간이 넘는 공연시간 동안 단 한 번도 악보를 들춰보지 않은 채 오페라를 마쳤다. 결과는 대성공이었다.

바로 20세기 최고의 지휘자이자 전 시대를 통틀어 가장 위대한 거장 중 한 명으로 추앙받는 이탈리아 출신의 지휘자 '아르투로 토스카니니(Arturo Toscanini)'의 데뷔 스토리다.

19세의 첼리스트 토스카니니는 보면대의 악보조차 읽을 수 없는 지독한 근시였다. 그는 자신의 파트를 완벽하게 연주하기 위해 악보를 통으로 외웠고, 심지어 첼로 파트뿐만 아니라 수백 페이지에 달하는 전 파트 수십 대의 악기를 위한 모든 음표를 토씨 하나 빼놓지 않고 외웠다고 한다.

물론 악보를 외워서 지휘하는 지휘자는 여럿 있었지만 악기 파트 별로 따로 악보를 외워서 옮겨 적을 수 있을 정도의 지독한 연습벌 레는 없었다. 그는 지독한 근시라는 자신의 약점을 실력으로 보완하 여 특기인 암기력과 연습으로 커버했던 것이다. 한 악보를 만족할 때까지 지독하게 반복해서 연습을 했던 것이다.

문제는 '약점'을 '강점'으로 만드는 일이 말처럼 쉬운 것이 아니라 는 점이다. 그래서 자신의 약점을 극복하는 것을 넘어서 그 약점을 강점으로 만들어낼 수 있는 사람은 성공하고 존경도 받는다. 약점을 강점으로 만들었다는 것은 끊임없는 도전과 부단한 노력이 있었다 는 반증이기 때문이다. 이 부분에 대해 미국의 작가인 스티븐 제이 굴드(S.J. Gould)는 다음과 같이 얘기한다.

"누구나 약점은 있다. 위대한 사람은 자신의 장점은 부각하고 약 점은 줄이지만 실패한 사람들은 종종 약점 때문에 인생을 망친다."

성공을 꿈꾸는 사람이라면 이미 성공한 부자 혹은 대가(大家)들에게 서 배워야 하는 것이 바로 이 부분이다. 강점을 강화시킴으로써 약점 은 보완하라는 것이다. 음악가로서 치명적인 약점을 오히려 강점으

214

로 만든 토스카니니는 그의 음악 철학이 잘 드러난 명언을 남긴다.

"베토벤의 교향곡 3번 〈영웅〉을 연습하면서 어떤 사람은 이 곡이 나폴레옹을 가리킨다고 하고, 어떤 사람은 히틀러, 또 어떤 사람은 무솔리니를 연상한다고 하는데, 내게 있어 이 곡은 단지 '알레그로 콘 브리오(Allegro con brio)'일 뿐이다."

이때 알레그로 콘 브리오는 '악보에서, 힘차게 빨리 연주하라'는 것이니 이는 오로지 악보에만 충실할 뿐 그 밖의 낭만적 해석은 사양하겠다는 것이다.

조금 부연해보면 '판사는 판결로 말하고, 작가는 책으로 말하고, 선수는 기록으로 말한다'는 격언처럼 자기는 군더더기를 빼고 오직 악보로 말한다는 것이다. 그의 음악에 대한 관(觀)을 나타내주는 멋진 표현으로, 약점을 장점으로 승화시킨 대가의 생각과 긍정적 마인드를 엿볼 수 있는 메시지이다.

한국인은 태어나서부터 살아가는 동안 끊임없이 단점을 지적받고 그것을 고칠 것을 권유받으며 살아간다. 어릴 적부터 귀가 아프게 들은 얘기 중에 '누구나 노력하면 안 되는 것이 없다'라는 것이 있다. 그러나 살다보면 노력해도 안 되는 게 대부분이다.

이렇게 단점 개선에 이끌려 이것저것 보강하면서 살다보면 어느 덧 얼치기 중간급으로 전락한 자신을 발견하게 된다. 그땐 이미 늦었다. 모자란 것에 집중하면 가진 것도 잃어버리는 것이다.

예컨대 맛집을 찾아다니는 미식가는 뷔페식보다는 단품이지만 그 메뉴에 승부를 거는 식당을 택한다. 가령 일식집을 찾아도 고수는 절대 모둠은 시키지 않는다. 당연한 귀결이지만 한두 개 메뉴에 승부를 거는 곳이 대박식당이자 진짜 돈을 버는 맛집이 되는 것이다.

경영학 용어에 '경쟁의 역설(Competition Paradox)'이 있다. 죽어라 약점을 보완해왔음에도 경쟁력은 더 떨어지는 것을 말한다. 우리 속담에서 말하는 '죽도 밥도 아니다'와 같다. 주위를 보면 단점 개선이란 화려한 유혹에 속아 평생 죽도 밥도 안 된 사람들이 너무나 많다.

이것이 개인은 말할 것도 없고 비즈니스 세계로 넘어가면 더욱 절실한 덕목이다. 결국 세상의 어떤 일이든 모든 성공에는 하루 빨리 '죽이냐, 밥이냐'를 결정하는 것이 무엇보다 중요하다. 그것이 바로 포기의 힘이다. 말하자면 이렇다.

"선택이란 고난도의 포기행위다. 포기한 자만이 집중할 수 있다."

누가 내 치즈를 옮겼지?

성공을 하고 부자가 되려면 변화를 두려워해서는 안 된다고 말합니다. 변화라는 화두는 포스트 코로나 시대, AI 시대, 4차 산업혁명 시대 등등 할 것 없이 새로운 시대를 관통하는 키워드인 것이죠.

특히 최근에 회자되는 '변화해야 한다'는 말은 절박하고 치열한 것이 특징이기도 합니다. 그러나 어떤 각도에서, 어떻게 설명해도 한 가지만은 확실합니다. '이 세상에 변화하지 않는 것은 없다'는 것이 유일한 진리라는 것입니다.

일본의 경제학자 오마에 겐이치는 그의 책 《난문쾌답》에서 인간을 바꾸는 방법은 3가지뿐이라고 설파합니다. 시간을 달리 쓰는 것, 사는 곳을 바꾸는 것, 새로운 사람을 사귀는 것인데, 이 3가지 방법이 아니면 인간은 바뀌지 않는다고 하는군요. 말하자면 이 3가지는 변화를 위한 필수품인 셈인데 시간과 환경도 중요하지만 만나는 사람을 바꾸지 않으면 더 이상의 발전은 없다는 주장이지요.

사실 변화는 '익숙한 것으로부터 벗어나자'는 말과 같지요. 그런데 이것이 말처럼 쉽지 않지요. 그렇기 때문에 현실에 안주하며 익숙한 것에서 벗어나지 못하고 살아가는 사람들이 훨씬 많습니다. 새로운 것을 얻으려면 익숙한 패턴을 깨야 합니다. 운명을 바꾸는 데는 현재의 상황을 바꿔줘야 합니다.

부자가 되고, 성공하고 싶다고 말하는 사람은 많습니다. 많은 정도가 아니라 절대 다수가 그럴 것입니다. 하지만 그 많은 사람 중에서 기존 삶의 방식을 타파하고 행동으로 옮기는 사람은 소수에 불과합니다. 이것이 꿈을 이루는 사람과 이루지 못하는 사람의 차이입니다.

운명은 기회뿐 아니라 선택과 결정의 문제입니다. 변화 역시 선택과 결정입니다. 그런데 세상에는 조준을 똑바로 하고도 절대로 방아쇠를 당기지 못하는 사람들이 많습니다. 이에 대한 충고로 세계적인 동기부여 강연가인 브라이언 트레이시는 매일 가장 달갑지 않은 작업을 먼저 하라고 조언합니다. 미루기 쉬운 일들을 해나감으로써 우리는 저항을 이겨낸다는 의미입니다. 이것 역시 '변화하라'는 것을 다른 각도에서 설명하는 것입니다.

뭔가를 하기로 선택하고 결정한 순간부터 인생은 바뀌기 시작합니다. 그리고 말로만 하는 자는 행동을 바꾸는 자를 이길 수는 없습니다. 정리하자면 이렇습니다. 성공은 자기의 행동을 바꾸는 것, 익숙하지 않은 것에의 도전에서부터 출발합니다. 그리고 변화의 바탕하에서 생각을 현실로 바꾸려는 결정과 그에 따른 행동의 유발이 바로 성공의 패턴입니다.

말하자면 모든 성공은 선택과 결정에 의해서 시작되는 것이지요. 그러므로 변화를 거부하거나 결정을 뒤로 미루는 것은 성공을 뒤로 미루는 것이라고 볼 수 있습니다. 우유부단함으로 얻을 수 있는 것은 없지요. 부자가 되려는 것과 변화라는 덕목의 상관관계에 대해서는 어떤 생각인지요?

백만장자 지금 말씀하신 것은 정말 중요한 내용이지요. 성공을 꿈꾸는 사람은 성경의 구절처럼 암송해야 할 것들이죠. 모든 성공은 크든 작든 선택과 결정에서부터 시작됩니다. 그리고 그것을 뒷받침하기 위해 변화와 행동이라는 덕목이 필요하지요. 그러므로 '결정이 운명을 결정한다'는 말은 중요성 면에서 뒤로 밀릴 이유가 전혀 없지요.

예컨대 선택을 못하고, 결정을 못해 뒤로 미루는 일은 항상 후회가 따르지요. 결국 미래를 여는 키워드는 '변화, 선택, 결정, 행동' 등이겠네요. 물론 앞의 키워드에 함유되어 있지만 '목표' 역시 성공을 위한 열쇠입니다. 이렇게 얘기하고 보니 부자와 성공을 위한 프로세스 키워드는 모두 설명을 했네요.

앞에서 '폼페이 최후의 날에도 살아날 수 있는 절호의 기회가 있었다'라는 얘기를 드렸는데, 살아남을 수 있는 기회를 놓쳐버리고 화석으로 남아야 했던 사람들의 안타까운 이야기였지요. 화산재가 하늘을 덮고, 용암이 흐르는 절박함에도 지금까지 누려왔던 일상을 뿌리치지 못하는 것이지요. 익숙함 속에 매몰된 채 변화를 부르는 것은 그렇게 어렵습니다. 시대가 바뀌었다고 달라지지도 않습니다. 그래서 자수성가가 어려운 것입니다.

　지금처럼 새로운 것이 노도처럼 밀려올 때는 '두려움에 휩싸여 눈을 감아 버리기보다는 그 흐름에 올라타서 변화를 즐기는 편이 현명하다'라는 주제를 다룬 책이 《누가 내 치즈를 옮겼을까?》입니다. 이 책은 변화의 필요성을 역설하는데 사라진 치즈에 대해 통탄하며 시대의 흐름을 읽지 못한 자신의 처지를 뒤늦게 반성하는 쥐가 주인공인 이야기입니다.

　그렇다면 꼭 쥐 이야기라고 치부할 필요도 없겠네요. 우리 주위의 많은 사람들이 어느 순간 자신의 진부하고 나태했던 시절을 후회하고 '그때 왜 그랬지?' 하며 아쉬워할 사람은 부지기수일 테니까요.

　현재 세계는, 아니 우리는 치즈가 다른 창고로 옮겨가는 것과 같은 시기에 살고 있습니다. 이런 사실을 인식하지 못한 채 바닥을 드러내는 창고에서 부스러기 치즈를 찾아 이리저리 헤매고 다니는 사람이 너무나 많습니다. 물론 바닥난 혹은 바닥날 것 같은 치즈 창고의 익숙한 현장에서 벗어나 새로운 창고를 찾아 또 다른 삶의 가치를 찾아 살아가는 사람도 더러 있습니다.

　그러나 더 많은 사람들은 여전히 치즈가 옮겨진 것을 모르고 '누가 내 치즈를 옮겼지?'하면서 '그래도 이만큼 풍성한 치즈가 있는 곳도 없지'라고 애써 자위하며 나른한 일상을 벗어나지 못하고 있습니다. 마치 영원한 화석이 된 폼페이의 최후의 날처럼 말이죠.

과거의 사고방식은 우리를 새로운 치즈가 있는 곳으로 인도하지 못합니다. 새로운 사고방식으로 새로운 행동을 취하는 길이 치즈를 찾을 수 있는 것입니다. 변화를 두려워하며 과거 방식에 갇혀 나오지 않는다면 기회가 왔음에도 알아차리지 못하므로 영원히 그 기회의 주인공이 될 수는 없습니다.

현재 타고 있는 배의 여기저기에서 침몰 징후가 드러난다면 빨리 갈아타야 합니다. 물론 익숙한 배를 버리고 낯선 배에 올라야 한다는 불안감과 익숙함이 주는 안정감이 발목을 잡을 것입니다. 그럼에도 성공을 하고 부자가 되려고 하면 빨리 갈아타야 합니다. 안전지대를 벗어나 도전해야 합니다. 단지 심리적으로 안전하게 느낄 뿐이지 영원한 안전지대는 없습니다.

오해가 없기를 바랍니다. 무턱대고 시류에 편승하는 것이 좋다고 부추기는 것이 아닙니다. 다만 스스로 화석이 되고자 하는 사람을 제외하고 더 많은 새로운 치즈를 찾고자 하는 사람에게 '모든 것이 변화를 요구하는 상황을 어떻게 활용할 것인가?' 하는 문제는 큰 의미를 지니는 것입니다.

제대로 된 지식은
부(富)로 가는 핵심이다

"골프 선수가 '내가 스윙하는데 골프공이 알아서 맞아주었다'와
부자가 '나는 쫓아다니지 않았는데 돈이 나를 따라왔다'라는 표현은 맥이 같다."

누구도 이의를 달 수 없는 세기의 천재 스티브 잡스는 생전에 소크라테스와 하루를 보낼 수 있다면 '자신이 가진 모든 것을 줄 수 있다'고 말하곤 했다.

또한 기록에 의하면 잡스는 '지식 – 기술 – 돈' 순으로 중요성을 판단하고 있었던 것으로 보인다. 지식이 있으면 기술은 항상 새로 만들 수 있고 기술이 올바르면 돈은 언제나 벌 수 있다는 것이다. 정리하자면 지식은 부(富)로 가는 핵심이라는 의미이다.

사실 소크라테스는 '무지를 아는 것이 앎의 시작이다'와 '유일한 선은 앎이요, 유일한 악은 무지다' 같은 명언들을 남겼다. 정리하자면 이렇다. 대부분의 직업은 지식이 기술로, 기술은 상품과 서비스로 만들어 돈을 번다. 지식으로부터 돈이 만들어지는 것이다.

이런 논리로 투자는 지식을 바로 돈으로 변화시킬 수 있다. 이렇게 본다면 투자에 대한 지식은 부자가 되는 조건인 셈이다.

돈이 삶에의 유용한 수단이라는 것에는 쉽게 동의하지만 지식이 돈(부)이라는 성취를 만들어낸다는 의견에 부정적인 견해도 있을 수 있을 것이다. 그럼 이렇게 얘기해 보자.

골프하는 사람은 숱하게 듣는 얘기로 '공을 정확히 맞추려고 하면 어떻게 하는가?'라는 질문에 '스윙을 했는데 마침 그 아래 저점에 골프공이 있었다'라고 생각하라는 것이다. 공을 때리는 것이 아니라 제대로 스윙을 함으로써 공을 맞추는 결과가 된다는 의미이다.

같은 원리로 부자에게 어떻게 돈을 벌게 됐느냐고 질문하면 아마도 '나는 돈을 쫓아다니지 않는다. 대신 돈이 나를 따라왔다'라는 대답을 들을 것이다. 이 말을 해석하면 과정에 충실하면 돈이라는 결과가 주어진다는 것이다. 좋은 투자는 제대로 아는 것이 우선이고 성취는 마지막이라는 것이다.

물론 아는 것과 성취의 중간에 실행이 있다. 이때 제대로 된 투자는 실행의 확장성이 용이하다는 것이다. 5천만 원을 투자하나 5억 원을 투자하나 방법은 같다. 크게 달라질 것이 없이 동일한 것인데 이는 때리는 것이 아니라 제대로 스윙하는 것과 같다.

투자 = 지식을 돈으로 변화시키는 것

일반인들의 입장에서는 받아들이기 쉽지 않지만 골프 선수가 '내가 스윙하는데 골프공이 알아서 맞아주었다'와 부자가 '나는 쫓아다니지 않았는데 돈이 나를 따라왔다'라는 표현을 들으면 한 대 때려주고 싶기도 하겠지만 그런 표현 속에는 일정한 맥이 있음을 알 수 있다.

사실 사람들은 저마다 다르다. 틀린 것이 아니고 다른 것인데 타고난 재능도, 소질도 다르고 취미도, 좋아하는 취향도 다르다. 성장배경과 교육환경도 같지 않고 유전자 DNA 역시 다르다. 바로 이것이 한 종목, 한 분야로만 승부를 겨루면 아무리 노력해도 대다수는 실패하고 극소수만 성공할 수밖에 없는 이유이다.

보통 사람은 결코 탁구로 국가대표 선수를 이길 수 없으며 아마추어 골퍼가 타이거 우즈를 이길 수는 없을 것이다. 보통 사람이 그들과 겨뤄 이기려고 기를 쓴다면 아마 그는 제정신이 아닐 것이다.

상식적인 인간이라면 특정 분야에서 자신보다 탁월한 능력을 가진 사람과 공정한 룰 없이 경쟁하지는 않는다. 평범한 사람이 아무리 노력을 해도 승부의 압박감을 즐기는 타이거 우즈처럼 될 수 없고 화려한 기량의 복싱 챔피언이 될 수는 없는 것이다.

그러므로 골프와 복싱에서 공정하다는 것은 사람마다 다른 핸디캡을 인정하는 것이다. 골프에서 핸디를 주고, 권투에서 체급을 정해 놓는 것이 바로 그런 것이다. 골프를 치면서 백돌이가 싱글 골퍼와 핸디 없이 경쟁하는 것은 공정하지 않다. 또한 플라이급 선수가 헤비급 선수와 맞붙는 것은 공정한 시합이 아니다.

이렇게 경쟁을 기준으로 봐도 세상에는 정말로 많은 분야가 있으며 나름대로의 룰이 있다. 모든 운동이 그런 것처럼 타고난 소질이 실력을 좌우하기도 한다. 예컨대 별로 노력하지 않고도 유달리 골프를 잘 치는 사람이 있는가 하면, 남보다 더 많은 시간을 투자하고 엄청난 노력을 기울여도 평생 백돌이에 머무는 사람도 있다.

그런데 돈을 버는 것은 핸디가 없고 체급도 없다. 무한 경쟁인 셈인데 돈을 잘 버는 능력 또한 타고난 사람들이 있는 것일까?

물론 일부 돈에 관한 천부적인 재능을 타고난 사람도 있겠으나 아주 다행스러운 것은 돈은 타고난 능력보다는 공부에 좌우된다는 것이다. 그것은 앞에서 이미 얘기한 '투자 = 지식을 돈으로 변화시키는 것'이라는 스티브 잡스 예화가 그 반증이다.

가령 2022년 상반기를 지나며 주식시장은 큰 조정을 받고 있다. 그러나 큰 틀에서 보면 주식을 바라보는 눈이 근본적으로 바뀌고 있는 것을 알 수 있다. 이런 '주식의 시대'에는 주식투자를 얼마나 잘하느냐에 따라 경제적 신분이 달라질 수 있다. 예컨대 주식투자로 '부자되는 길'을 터득한 사람은 은퇴 후에도 안정적인 수익을 올리며 풍요로운 삶을 누리고 있는 것이다.

어떤 이들은 부모에게 상속받은 것 없이도, 학력 역시 변변치 않으나 투자 활동을 잘해 큰 부자가 된 사람들도 많다. 예를 들어 정주영 회장님이 명문대학을 나와 한국 최고의 부자가 된 것은 아니지 않은가? 이런 사례는 누구나 할 수 있다는 것을 보여준다.

반면 이런 투자에 눈을 뜨지 못한 사람들은 '샐러리맨의 함정'에 걸려 불안한 노후생활을 보낼지 모른다는 불안감에 시달린다.

결국 주식시장에서도 《손자병법》에 등장하는 '지피지기 백전불태(知彼知己 百戰不殆)' 자세로 임해야 한다. 우선 자기가 어떤 투자자인지부터 정의한 후에 투자 성향에 따라 가치투자자와 데이트레이더로 나눈다고 하면 자신만의 투자 원칙과 기준을 세워두고 그에 맞는 지식을 얻어야 하는 것이다.

원인을 알고 적절히 대처하면 된다

지금 대한민국의 일반 서민들은 저임금, 빈부 격차에 신음하고 있지만 부자들은 참 살기 좋은 나라라고 한다. 물론 정도의 차이일 뿐 다른 나라도 비슷할 것이다. 부익부빈익빈의 격차가

226

커져가고 있지만 사실 이런 현상은 우리나라만 그런 것도 아니고 범세계적인 현상이다. 그렇지만 유난히 우리의 상황은 더 심각하다.

가령 종교적인 영향도 있겠지만 동남아 사람들은 자신이 가진 것에 만족하고 그런 어려운 상황을 받아들이는 국민성을 가지고 있다. 반면 교육 수준이 높고 눈높이가 높으며, 비교의식이 강한 한국인들은 사회의 불합리화를 지켜만 보지 않고 불평불만을 직접 표현하므로 전반적으로 어려움이 배가 되는 것이다.

과거 고성장 시대에는 얼마든지 소기업, 자영업으로 돈 벌 기회가 많았다. 대기업이 손을 대지 않는 파이가 작은 사업을 통해 서민들이 부를 쌓을 수 있는 기회가 많았던 것이다. 약간의 자본금과 약간의 노력만으로도 부자가 될 수 있었다.

그러나 지금은 저성장 시대이다. 이때는 대기업의 글로벌 경쟁력이 떨어지다 보니 소·중상인들의 생존권을 침해하기 시작했다. 주변의 상황에 맞춰 임금은 더 이상 높여줄 수 없고, 자영업자들도 사장이 아닌 프랜차이즈 관리자가 되어버렸다. 실업자가 넘쳐나 인건비는 오르지 않고 고학력자들이 대거 배출됨에 따라 고급 인력을 대기업은 싸게 이용하고 있는 것이다.

말하자면 저성장 저임금 시대가 되면서 생활비는 계속 오르고 급여는 그대로인 직장인의 괴로운 현실, 거대한 자본의 대기업과 경쟁

해야 하는 자영업자들의 삶은 피폐해지는 것이다.

궁여지책으로 1인 기업 내지는 긱(Gig) 노동자들이 등장하지만 전반적인 현실은 헬조선이라는 말에 축약되어 있다. 그렇지만 항상 위기는 기회라는 말처럼 틈새를 노리는 스마트한 사람들이 등장하고 많은 돈들을 벌고 있는 것이 지금의 상황이다.

소상공인의 현실이 어떻든 돌파구로서 많은 사람들이 자영업에 뛰어든다. 그러나 작금의 소상공인 자영업이 대안이 될 수 없다는 것은 이미 증명되고 있다. 사실 지금의 자영업은 사양산업에 속한다. 그렇다면 그동안에는 자영업의 문제를 경제정책에서 다뤘지만 이제는 복지정책에 들어가야 한다. 왜냐하면 사양산업을 방치하면 그곳에 종사하는 많은 사람들이 고통을 겪어야 하기 때문이다.

여러 가지 이유가 있겠지만 큰 틀에서 보면 지금의 유통구조가 인터넷 유통으로 바뀌면서 자영업의 어려움이 생기는 것이다. 이뿐만이 아니다. 예컨대 대형 할인마트가 생긴 것은 자동차와 냉장고가 나왔기 때문에 가능했다. 자동차를 타고 변두리에 위치한 대형 마트에 가서 일주일치 먹을 것을 한꺼번에 사다가 대형 냉장고에 보관하는 게 가능해진 것이다.

그 전에는 매일 동네 상점에 가서 오늘 반찬거리를 사야 했지만 지금은 상황이 바뀐 것이다. 이렇게 사회 조건이 바뀌면서 생겨난 문제들이라고 볼 수 있다. 더구나 소상공인, 즉 자영업 과잉상태로 인해 전체적인 흐름은 사양길이라고 할 수 있는 것이다. 문제는 자영업의 필요는 계속 줄어드는데 오히려 점포를 여는 공급자는 계속 늘어나고 있다는 것이다.

퇴직하고 나와서 달리 할 일이 없는 사람들이 계속 가게를 열려고 하니 엎친 데 덮친 격이 돼서 어려움이 가중되고 있는 것이다. 그렇다고 해서 자영업이 아예 안 되는 것은 아니며 자영업 자체가 없어질 수도 없다. 결국 원인을 알고 적절히 대처하면 된다.

조건은 똑같다, 모두 자기 하기 나름이다

우리나라에서 자영업이 잘 안 되고 더구나 사양산업으로 평가받는 이유는 몇 가지로 정리해 볼 수 있다.

첫째, 한국 경제가 저성장 국면에 있기 때문이다.

경제성장률이 연평균 10%를 넘어가던 고성장 국면에서는 무엇을 하든 잘됐다. 가령 식당이나 생필품 가게를 운영해도 10명 중 7~8명이 성공하던 시절이었다. 고성장 가운데서도 실패하는 사람이 있긴 하지만 성공 확률이 훨씬 높았다.

물론 성공하는 사람도, 실패하는 사람도 있다는 점은 저성장 국면도 마찬가지이다. 그러나 저성장 국면에서는 10명이 가게를 열면 성공하는 사람이 2~3명에 불과하고 실패하는 사람이 7~8명이 되는 것이다. 이처럼 한국 경제가 고성장을 한 뒤에 저성장에 이어 정체 국면에 들어섰다는 것이다. 무엇을 하든 안 되는 게 정상이다.

둘째, 소비자들의 구매환경 변화를 들 수 있다.

구매 방식의 변화, 즉 인터넷 구매가 점점 확대되다 보니 가게에 들러 물건을 사는 경우가 점점 줄어들고 있다. 저성장 국면으로 가뜩이나 장사가 덜 되는데 엎친 데 덮친 격으로 인터넷 구매가 활성화되니 방문하여 찾아오는 손님이 급격히 줄어들게 된 것이다.

물론 간편한 편의점 등은 손님이 늘겠지만 재래시장이나 일부를 제외하고 대다수 식당 등은 타격이 올 수밖에 없다. 소상공인, 즉 자영업이 계속 고전할 수밖에 없는 환경이다. 그래서 예전처럼 상가 건물을 계속 지어서는 더 이상 이익을 창출하기 어렵다.

또한 지금 같은 인터넷 구매 시대에는 대형 할인마트나 백화점마저도 사정이 어렵다. 구경하는 것과 구매를 달리하는 것이다. 말하자면 구매 방식이 거의 인터넷 구매로 바뀌고 있기 때문이다.

셋째, 지금도 자영업이 과잉상태이기 때문이다.

예전과는 달리 지금은 직장을 다니다가 명퇴나 은퇴를 하면 퇴직금 등으로 목돈을 쥐게 된다. 1억 원이든 2억 원이든 퇴직금을 받고 나오니까 근로자 자본이 있는 셈이다.

사실 퇴직하면 그냥 그 연금으로 생활하면 되는데 이 돈을 곶감 빼먹듯이 까먹으려니 마음이 불안해진다. 그래서 이 돈을 투자해 지속적으로 수입이 생기는 방식을 자꾸 강구하다 보니 제일 쉬운 게 전문기술 없이도 비교적 쉽게 개업할 수 있는 자영업이다.

그래서 분식집이나 통닭구이집, 식당, 숙박업소처럼 전문적인 기술 없이도 할 수 있는 소상공인들의 수가 과하게 늘게 된 것이다.

이렇게 설명하고 있다고 하여 자영업이 아예 안 되는 것은 아니다. 과거에 비해 농업 인구가 팍 줄었지만 앞으로도 농업은 계속될 것이고, 공산품을 생산하는 중소기업도 줄었지만 기업은 계속되어야 한다. 이처럼 거의 다 줄어도 특수한 수요는 있는 것이다.

결국 급격한 변화 속에서도 꼭 필요한 것은 예외이다. 그러므로 솔루션은 간단하다. 자영업을 하더라도 인터넷으로 구매하기 어려운 품목이나 아주 특수한 것 혹은 경쟁력을 갖추는 것이 필요하다.

이런 긍정적이지 않은 몇 가지 자영업의 현황을 살펴봤다. 물론 다들 '어렵다, 힘들다'고 하지만 그 속에서도 성공적인 경영을 하는 사람들은 많이 있다. 그들은 "조건은 다 똑 같아요. 모두가 다 자기 하

기 나름이지요"라고 얘기한다. 어느 분야든 상황에 관계없이 자기
자신의 길을 확실하게 개척해 나가는 사람들이 있는 것이다. 그들에
게는 몇 가지 공통된 특징이 있다.

자기만의 확실한 주관을 가지고 임하는 것을 첫 번째로 꼽을 수
있고, 둘째로는 주변의 풍문, 즉 '힘들고 어렵다'는 것을 무시하고 스
트레스와 압박 같은 부분을 과감하게 떨쳐버리는 특징이 있다.

아울러 가장 큰 덕목으로 위기 속에서 기회를 찾으려고 하는 자신
만의 독특하고 독창적인 주관이 서 있는 점이다. 더구나 그 사람들
은 어려움이 닥치게 되면 자신의 업무에 더 많이 몰입을 함으로써
돌파구를 찾는 특징을 보인다.

당신의 마음은 가난한가?

연금술사 정설로 받아들여지는 금언(金言) 중에 '백만장자로 태어나 거지로 죽는다'는 말이 있지요. 부연설명하면 사람들은 기본적으로 누구나 할 것 없이 부자가 되고 삶에 대해 깊이 있는 사고를 할 수 있는 무한한 가능성을 가지고 있습니다.

그러나 대부분 이런 가능성을 인식하지 못하고 그것을 현실화할 수 있는 적절한 조건을 갖추지 못합니다. 그 결과 자신이 엄청난 능력을 가지고 있다는 사실을 알지 못한 채 살아갑니다. 안타깝게도 백만장자로 태어났지만 계기가 주어지지 않아서 일생을 거지로 살다가 죽는 것이지요. 조금 더 구체적으로 볼까요.

인간의 삶은 하루하루의 시간들이 쌓여 결과를 만들어내지요. 지금의 나는 과거의 내가 어떻게 살아왔는지를 보여주는 것이고, 미래의 나의 모습은 내가 지금 어떤 준비를 하고, 어떻게 살아가고 있는지를 보여주는 창입니다.

저자는 이 책의 몇 군데에서 '사람은 자신의 강점으로만 성과를 올릴 수 있다. 강점에 집중하고 하지 말아야 할 분야는 과감히 포기하라'고 얘기했지요.

어려운 것 같지만 설명의 요지는 '부자가 되려면 자기 자신을 알라'쯤 됩니다. 사람을 이해하고 심리를 파악하는 것은 어떤 분야이든 가장 기본이 되는 것이지요. '인간의 이해, 자기의 이해'쯤인데 잭 트라우트는 전설적인 마케팅 교과서인 《마케팅 불변의 법칙》에서 다음과 같이 언급하고 있지요.

"최고 제품이 시장에서 이길 것이라고 믿는다면 이는 환상에 지나지 않는다. 마케팅은 기본적으로 제품과의 싸움이 아니라 제품에 대한 고객 인식과의 싸움이다. 승리를 보장해주는 것은 최고의 제품이 아니라 고객의 마음속에 그 제품을 자리잡게 하는 능력, 최고 제품이라고 고객이 믿게 하는 능력이다."

좋은 제품이 있으면 시장에서 알아봐 줄 것이라는 통념에 쐐기를 박는 언급이지요. 물론 이것은 마케팅에 대한 얘기지만 문제는 인간과 인간의 모든 관계가 마케팅이라고 볼 수 있지요. 사업은 말할 것도 없고 부자가 되는 것 역시 그의 언급을 벗어나지 않지요. 비즈니스 전개, 경영, 마케팅, 심리학, 인문학 등등 모든 것은 주제가 '인간의 이해'라고 볼 수 있지요.

몇 가지만 볼까요? 사람은 기본적으로 '자기가 알고 있는 자신'과 '남이 봐줬으면 하는 자기'라는 두 가지 마음을 가지고 있지요. 또한 자기가 보고 싶은 것만 보고, 보여주고 싶은 것만 보여주려고 하지요. 이런 특성 때문에 설문조사 결과가 항상 엉망입니다. 예외도 있겠으나 경험 많은 어른들의 말은 항상 옳지요.

하지만 선배에게 반항하는 사람들이 세상을 바꾸는 것 역시 사실입니다. 주류(主流)가 비주류에 의해 뒤집히는 것이 세상의 이치고요.

이렇게 정도의 차이겠지만 속과 겉이 다른 표리부동과 이율배반적인 자세는 누구라고 할 것도 없이 바로 인간의 모습이죠. 이런 것에 대한 고려 없이 부자가 되고자 하고, 상대의 주머니에서 돈을 꺼내오려는 시도는 허망할 수밖에 없는 것 아니겠습니까?

백만장자 세상살이가 만만치 않고 치열하게 노력함에도 부자의 길이 험난한 이유는 바로 인간관계가 어렵기 때문입니다. 대인관계에서 보면 나의 진심을 몰라주는 것 같아 속상하기도 하고, 나를 싫어하는 사람을 만나면 좌절하기도 합니다. 사회 속에서 사람들과 부대끼며 살아야 하는 관계에서 스트레스가 없을 수는 없지요.

인간관계의 어려움에 대해 어떤 학자는 인간관계에서 10명 중 3명은 나를 좋아하고, 4명은 내게 무관심하며, 나머지 3명은 나를 싫어한다고 주장합니다. 그러면서 '그게 정상이다'라고 덧붙이더군요.

이해되시나요? 그렇다면 결국 내가 신경 써야 할 사람은 나를 좋아하는 사람들과 무관심한 4명이며, 나를 싫어하는 3명은 무시하는 것이 현명함이겠지요. 내가 세상 모든 사람들을 좋아하지 않듯 그들도 그러하다고 위안하면서 말이지요. 그러나 현실에서는 모두를 좋아하려고 시도하죠.

사람을 만나다 보면 자신이 '균형감 있고 상식적이다'고 자부하는 사람들을 만납니다. 그렇지만 곤란한 점은 자신과 다른 행동을 비난한다는 것입니다. 그렇게 비난해 놓고는 곧 몰래 따라하지요. 어쨌든 중요한 것은 인간관계가 어려워서 패배자들이 불만만 늘어놓고 잘 될 리가 없다고 생각할 때, 성공하는 사람들은 자신을 믿고 반드시 될 거라고 생각하며 높아 보이는 허들을 가뿐히 넘어 앞으로 나아간다는 것이지요.

이러한 상황에서 알리바바의 마윈이 했다는 '당신의 마음은 가난한가?'라는 제목의 충고는 읽어볼 가치가 있더군요.

"세상에서 같이 일하기 힘든 사람은 마음이 가난한 사람이다. 자유를 주면 함정이라 하고, 작은 비즈니스를 얘기하면 돈을 못 번다 하고, 큰 비즈니스를 얘기하면 돈이 없다고 하고, 새로운 것을 시도하자고 하면 경험이 없다고 하고, 정통적인 비즈니스라고 하면 어렵다고 하고, 새로운 사업을 시작하자고 하면 전문가가 없다고 한다.

그들에게는 공통점이 있다. 구글이나 포털 사이트에 물어보길 좋아하고, 희망 없는 친구에게 의견 듣는 것을 좋아한다. 자신들은 대학교수보다 더 많은 생각을 한다고 하지만 장님보다도 일을 적게 한다. 그러므로 내 결론은 이렇다. '당신의 심장이 빨리 뛰는 대신 행동을 더 빨리하고, 그것에 대해 생각을 해보는 대신 무언가를 그냥 하라.'

무엇이든 '지금 당장 시작하라'고 하면 가장 많이 듣게 되는 것이 '아직 내공이 부족해 조금 더 실력을 쌓은 후 도전하겠다'는 말이다. 그러나 내공이 쌓일 때까지 기다리는 사람은 결코 내공을 쌓을 수 없다. 내공은 하나를 실패할 때마다 하나씩 쌓인다는 걸 잊지 말길….

마음이 가난한 사람들은 공통점인 한 가지 행동 때문에 실패한다. 그들의 인생은 기다리다가 끝이 난다. 그렇다면 진지하게 현재 자신에게 물어보라!

'당신의 마음은 가난한가?'"

마윈의 얘기에서 배워야 할 점은 가난한 사람은 '생각은 많이 하고 행동은 적게' 한다는 것입니다. 이것은 부자가 되려는 꿈이 있는 사람이라면 꼭 새겨들어야 할 충고입니다. 그리고 그 충고는 바꿔야 합니다. '생각은 적게 하고 행동은 많이 하라'로 말이지요.

누구나 살면서 사소하다고 그냥 넘겨버린 문제가 있을 것입니다. 그러나 특히 대인관계에서 넘겨버리지 말아야 할 자세는 이렇습니다.

"나는 나보다 부족하고 모자라는 사람은 없다고 생각한다. 다만 내가 하는 분야에 관심을 가지지 않았을 뿐이다."

세상 모든 성공은
기본에서 시작한다

"한 해에 약 30여만 명이 자영업을 시작하고 정확하게 그 인원만큼이 폐업을 한다.
폐업하는 사람도 처음에는 이렇게 얘기한다. '나는 다를 거야.'"

손정의 회장을 모르는 사람은 없다. 일본 소프트뱅크는 '투자의 신'으로 불리는 손 회장이 진두지휘하는 그룹인데 대규모 손실을 견디지 못하고 경영진 급여를 대폭 삭감했다는 소식이다. 2022년 5월 도하 각 신문에 의하면 최고재무책임자(CFO) 40%, 최고경영자(CEO)는 15% 연봉이 깎였다는 것이다.

이런 비상 경영은 주력 자회사이자 운용자산 1,500억 달러로 '세계 최대 기술주 펀드'인 비전펀드가 지난 한 해 약 3조 7,000억 엔의 기록적인 손실을 낸 데 따른 불가피한 선택이다. 비전펀드가 투자 중인 세계 470여 개 정보기술(IT) 기업은 글로벌 금리 인상, 공급망 혼란, 우크라이나 전쟁, 자원전쟁, 중국 봉쇄·규제 등 겹악재로 최근 실적과 주가가 곤두박질쳤다.

문제는 당분간 실적 개선도 기대하기 어렵다는 점이다. 투자 중인 핵심 기술기업 34개 중 32개가 지난해 순손실을 낼 정도로 부진이 심각하다고 한다. 금융시장 여건도 악화일로인데 각국 중앙은행의 기준금리 인상은 비전펀드를 진퇴양난으로 몰고 있다.

손 회장의 추락은 이른바 '손류(孫流)'로 주목받던 베팅 투자의 한계를 잘 보여준다. 그는 감을 앞세운 독특한 승부 호흡으로 비전펀드를 세계적인 펀드로 일궜다. 알리바바 마윈 회장을 만나보니 '눈이 강력하고 빛이 나서' 6분 만에 투자를 결정했다고 자랑하기도 했다.

비전펀드는 압도적 유동성을 앞세워 '묻고 더블로' 식으로 돈을 퍼부어 경쟁자를 제압하는 방식을 애용해왔다. 우버, 알리바바 등에서 큰 재미를 봤고, 쿠팡에도 무려 30억 달러를 쏟아부어 한국 유통시장의 게임체인저로 부상시켰다. 하지만 이런 주목받는 성공 사례와 달리 참담한 실패로 끝난 투자가 더 많다.

사무실 공유기업인 위워크에 대한 대규모 투자는 엄청난 손실로 이어졌고, 작년 6월 뉴욕 증시에 화려하게 입성한 디디추싱도 데이터 유출을 우려한 중국 정부의 압박에 밀려 지난주 초 결국 상장 폐지되고 말았다. 쿠팡은 작년에도 대규모 적자를 냈고 뉴욕 증시 상장 14개월 만에 주가는 70%가량 폭락했다. 이런 손 회장의 참담한 실패가 새삼 투자의 정석을 일깨우고 있다.

'난 잘할 자신이 있었는데…' 뒤늦은 후회

손정의와 소프트뱅크의 위기는 기본을 지킨다는 것이 얼마나 중요한지를 새삼 일깨워준다. 거대 기업도 그럴진대 개인적 차원의 1인 기업이나 새롭게 창업한 사람들은 더 숙고해야 할 내용이다. 작든 크든 모든 비즈니스의 접근 원리는 이런 '기본을 지켜야 한다'는 원칙에서 크게 벗어나지 않는다.

투자 격언에 '물이 빠지면 누가 벌거벗고 수영 중인지 드러난다'는 것이 있다. '몰빵 투자'로 과욕을 부리거나, 한두 번 성공에 취해 과거 방식을 답습한다면 아무리 수완이 좋아도 실패를 하게 되어 있다.

펀딩이 아니라 돈을 조금씩 벌어가면서 하는 것이 원래 투자의 정석이다. 이런 원리에서 벗어나면 결국은 탈이 생긴다는 교훈을 손정의 회장은 몸소 보여주고 있다. 정석 혹은 기본의 중요성을 말하는 극명한 사례이다. 지나친 탐욕이 결과가 좋을 리가 없다.

애꾸눈 사슴, 즉 한쪽 눈만 보이는 사슴이 있었다. 사슴은 한쪽 눈이 안 보이다 보니 맹수로부터 안전할 수 있는 바닷가에서 나뭇잎을 따먹는 것을 좋아했다. 보이는 눈은 맹수가 나올 수 있는 숲으로 향하고, 안 보이는 눈은 맹수가 없는 바닷가 쪽으로 향했다.

그날도 바닷가에서 나뭇잎을 따먹고 있었다. 그때 바다 멀리서 배한 척이 지나가고 있었다. 배에는 사냥꾼이 타고 있었는데 사냥꾼은 바닷가에 바짝 붙어서 나뭇잎을 뜯는 사슴을 발견했다. 사냥꾼은 천천히 사슴이 있는 쪽으로 와서 활을 쏴서 사슴을 쓰러뜨렸다.

사슴은 숨을 헐떡이며 죽어가며 후회했다. 육지나 바다나 사슴을 노리는 사냥꾼이 있는데 자기 신체의 특징을 고려한 것이 바닷가 쪽을 전혀 대비하지 못한 것이다. 이 예화의 교훈이 이해되는가? 진짜 문제는 많은 사람들이 그렇게 한다는 것이다.

예컨대 직장인들은 위기관리를 한다면서 정작 결정적인 위기관리는 하지 않는다. 회사에서 고과를 잘 받고, 승진을 위해 영어 공부는 열심히 하지만 정작 갑작스러운 구조조정으로 회사를 그만두게 될 상황은 대비하지 않는 것이다. 승진 못하는 것보다는 갑자기 회사를 떠나야 하는 상황이 더 위험한 것 아닌가?

가령 한 해에 약 30여만 명이 자영업을 시작하고 비싼 돈을 들여 근사하고 폼나는 사무실 혹은 가게를 내지만 정확하게 그 인원만큼의 사람들이 폐업을 한다. 그러면서 강변한다. '나는 다를 거야', '난 잘할 자신이 있었는데…' 하고 뒤늦은 후회를 하지만 이미 늦었다. 애꾸눈 사슴 신세인 것이다.

무엇이 문제일까? 우선 '나는 다를 거야'라는 생각을 버리는 것에서부터 시작해야 한다. 그리고 공부해야 한다. 특별히 준비를 하고 덤비지 않는 한 치열한 경쟁을 뚫고 성공의 대열에 서는 것은 어려운 것이 현실이다. 천하의 손정의 회장도 좌절하지 않는가.

기본의 중요성이 어찌 투자의 세계에만 해당할까? 우리 삶의 모든 부분도 역시 맥은 같다. 스포츠에 인생을 건 선수치고 슈퍼스타를 꿈꾸지 않는 선수는 없을 것이다. 그 중심에 손흥민 선수가 있다. 그리고 그 뒤에는 아버지(손웅정 씨)가 있다.

모든 것은 기본에서 시작한다(Back to the basic)고 강조하는 그는 손흥민 선수가 최고라는 것을 인정받은 순간에도 이렇게 얘기했다.

"골든 부트(득점왕)를 받았다고 해서 세상이 바뀌는 건 없다. 네가 할 일은 다음 경기를 준비하는 것이다."

정확한 지적이고 담담히 언급하는 그의 말을 들으면 뭔가 살벌한 일격 필살의 검객 같은 냄새가 난다. 그러면 손웅정 씨는 어떻게 아들을 그런 슈퍼스타를 만들어낼 수 있었던 것일까?

첫째도, 둘째도, 셋째도 기본기이다

1962년 충남 서산에서 태어나 축구를 유난히 좋아한 한 소년이 있었다. 그에게 축구는 그의 삶의 목표이자 인생이었다. 축구공만 보면 그저 좋았고, 축구만 하면 너무나 행복했다. 그렇게 늘 축구만 생각하며 살던 그는 중학교 때 강원도 춘천으로 전학을 하고, 춘천고를 졸업한 후 대학에 들어가 명지대를 축구 명문으로 최정상에 올려놓았다.

대학 졸업과 군에 입대하여 복무한 후에 프로구단에서 최전방 공격수로 출장하며 그는 1986년 대한민국 U23 브라질 순회 축구대회 대표로도 뛸 정도로 촉망받는 선수였다. 그러나 그는 1988년 부상을 당하면서 시련이 찾아온다. 일화에서 잠깐 동안의 활약도 했으나 결국 28세라는 이른 나이에 선수생활을 은퇴한다.

은퇴 후 가장으로 생계를 위해 일용직, 막노동, 헬스 트레이너, 초등학교 방과 후 강사, 시설관리 일 등 투잡, 스리잡을 하며 생활비를 벌어야 했다. 왕년에 프로선수로 뛰던 자신이 막노동판에서 일한다고 수군대는 소리도 들었으나 공사판 막노동은 삶을 성찰하고 현재의 그를 객관적으로 바라볼 수 있는 기회를 주었다.

궁핍한 살림 속에서도 운동과 독서만큼은 단 하루도 빼먹지 않았고, 막노동을 나가는 날에도 운동시간을 확보하기 위해 새벽 3시 반에라도 일어나 개인 운동을 했다고 한다.

두 아들이랑 운동은 같이 했지만 축구를 강요하지 않았고 아이들 스스로 가르쳐달라고 할 때까지 기다렸다. 마음껏 뛰놀던 아들은 축구를 택했다. 쉬운 길이 아니고 보통 각오로는 할 수 없다는 이야기로 재차 묻고 확인했지만 어린 아들은 축구 앞에서 물러날 기미가 없었다. 드디어 아들과 자신의 꿈은 살아난다.

그렇게 아들들에게 축구 훈련을 혹독하게 시키자 사람들은 '저건 애비도 아니다'라고 손가락질했다. 집도 가난하고 먹을 것도 없으면서 철없이 애들이랑 공이나 차고 있다며 '한심한 미친놈' 소리는 늘 따라붙었다. 학교에서 운동하는 것도 아니고 제도권 밖에서 개인 훈련만 시키는 그에게 '정신 나갔다'는 소리는 그나마 양반이었다.

지나칠 정도로 기본기의 중요성을 강조하는 그는 아이들에게 7년간은 슈팅을 못하게 하고 기본기만 가지고 연습을 시켜나갔다. 양발을 사용하게 하기 위해 오른발, 왼발을 자유자재로 쓸 수 있도록 연습을 시켰으며 모든 생활습관도 왼손을 먼저 사용하게 했다.

아울러 선수에게 가장 필요한 것은 기본기와 인성이기에 꾸준하고 끈질긴 노력, 감사와 존중의 마음, 겸손하고 성실한 태도를 강조하며 두 아들의 축구를 직접 지도했다. 축구 이전에 인간 만들기에 충실했고 그 결과는 우리가 지켜본 그대로이다.

그는 기본기의 중요성에 대해서 다음과 같이 강조한다.

"첫째도, 둘째도, 셋째도 기본기이다. 그리고 축구보다 인성이 더 중요하다. 화려한 기술을 익히는 것이 전부가 아니다. 훌륭한 인성을 갖추어 인생을 겸손과 감사, 성실함으로 대할 줄 알아야 한다. 축구를 잘하는 것보다 중요한 것이 먼저 인성이 바른 사람이 되는 것이다."

또한 자신의 책 《모든 것은 기본에서 시작한다》에서 이렇게 말한다. "축구에 왕도란 없습니다. 손흥민이 데뷔골을 넣었을 때 사람들은 '혜성처럼 나타난 선수'라고들 표현했습니다. 저는 그 누구도 그 어떤 분야에서도 '혜성은 없다'라고 말하고 싶습니다. 이 세상에 혜성 같이 나타난 선수 같은 건 존재하지 않습니다. 차곡차곡 쌓아올린 기본기가 그때 비로소 발현된 것일 뿐입니다."

부의 지혜를 얻는 데 '공짜 점심은 없다'

손웅정 씨가 말하는 '첫째도, 둘째도, 셋째도 기본기이고, 축구를 잘하는 것보다 중요한 것이 먼저 인성이 바른 사람이 되는 것이다'라는 철학은 사실 축구에만 해당되는 말은 아닐 것이다. 인생에도, 비즈니스에도, 투자에도, 정치에도, 타인과의 관계에서도, 공부에도… 등등 인간이 개입된 모든 것을 관통하는 덕목일 것이다.

사례 하나를 더 보자. 매년 '세상에서 가장 비싼 점심식사'로 큰 화제를 불러일으키곤 했던 전설적인 투자자 워런 버핏과의 '파워 런치'가 아쉽게도 올해를 마지막으로 더는 열리지 않는다고 미국 〈월스트리트 저널〉이 2022년 5월 25일 보도했다.

기사에 따르면 버크셔 해서웨이의 CEO인 워런 버핏과 함께하는 스테이크 점심식사는 지난 2년간 코로나 팬데믹으로 중단됐지만 올해(2022년) 6월 경매로 다시 진행된다는 것이다. 하지만 아쉽게도 주최 측인 글라이드(GLIDE) 재단은 성명을 통해 이 행사는 올해가 마지막이 될 것이라고 발표했다.

금년은 익명의 입찰자가 버핏과의 식사를 위해 기록적인 1,900만 달러(246억 원)를 지불했다고 한다. 우리 돈으로 250억 원 정도를 지출하고 한 끼의 식사를 하는 것이다. 엄청난 이벤트가 분명한데 이번 입찰은 이베이와 샌프란시스코에 기반을 둔 빈곤, 기아, 노숙자 퇴치를 위한 비영리 단체인 글라이드 재단이 협력해 연례행사로 기획한 21번째 '버핏과의 점심 경매'였다.

올해가 버핏과의 '파워 런치'의 마지막 해이지만 버핏은 2000년부터 매년 이 행사 낙찰액을 글라이드 재단에 기부해왔다. 이 연례적인 경매는 지금까지 5,300만 달러 이상을 모금했다고 한다.

낙찰가는 2001년까지만 하더라도 약 2만 달러(약 2,497만 원) 선이었지만 싱가포르와 중국 부호들이 앞다퉈 입찰에 나서면서 최근에는 수백만 달러 선으로 올랐다. 역대 최고 낙찰가는 2019년 중국 가상화폐 트론(TRON) 창업자인 쑨위천이 써낸 456만 7,888달러(약 57억 1,000만 원)였다. 그렇게 보면 금년이 사상 최고가인 셈이다.

한 끼의 식사를 위해 엄청난 돈을 지불하는 것인데, 워런 버핏과의 점심식사 시간 동안 그들은 무슨 이야기를 나누는 것일까? 단 3시간 동안 진행되는 이 점심식사는 '세상에서 가장 비싼 식사'이지만 돈이 넉넉한 투자자라면 누구나 한 번쯤은 꿈꾸는 것이 아닐까?

이런 파워 런치에서는 무엇이든 물어볼 수 있지만 딱 한 가지 질문은 금기라고 한다. 바로 '어디에 투자하실 건가요?'이다. 괜한 걱정이긴 하지만 그 짧은 담소를 통해 '오마하의 현인'이자 '가치투자의 귀재'인 워런 버핏의 지혜를 얻는 것이 가능할까?

워런 버핏은 뛰어난 투자 실력과 막대한 기부활동으로 인해 영광스러운 닉네임인 '오마하의 현인'이라는 존경스런 별명도 얻었다. 2006년부터 최근까지 그는 재산의 85% 정도인 370억 달러(약 46조 원)를 '빌 앤 멀린다 게이츠 재단'에 기부하기도 했다.

현기증 나고 계산이 어려운 엄청난 돈을 벌었지만 그의 투자 철학 내지 투자 방식은 의외로 단순하다. 가치투자의 대가로도 유명한 워런 버핏은 그 원칙에 걸맞게 철저히 '잃지 않는 투자'를 고수해왔다. 그의 투자 원칙은 누구나 들으면 알 수 있을 정도로 간단하다.

첫째, 절대로 원금을 잃지 않는다.
둘째, 첫 번째 원칙을 항상 지킨다.

들고 보면 특별할 것도, 새로울 것도 없다. 물론 쉬운 것일수록 지키는 것이 더 어렵다는 것은 동서고금의 지혜이다. 어쨌든 워런 버핏은 그만큼 안전한 투자를 강조했고, 기업 가치보다 싸게 투자하는 원칙을 평생 실천해오고 있다.

대가가 평생 지켜왔다는 투자 철학이 못 알아들을 것도 없고 획기적인 것과는 거리가 멀지만 오직 이런 기본에 충실한 투자 원칙으로 세계적인 투자의 대가가 되었던 것이다. 부자가 되려는 꿈이 있다면 새겨들어야 할 덕목임은 분명하다.

강점에 집중하고 강화하라

연금술사 사람은 누구에게나 강점도 있고 약점도 있을 수 있습니다. 이때 대부분의 사람들은 약점 보완에 많은 시간과 노력을 기울이는 반면, 성공자들은 자신의 약점 보완이 아니라 강점을 통해 성장하고 있다는 점입니다. 그렇다면 자기의 장점을 어떻게 찾아내고 강화시키는가가 관건일 것입니다. 세계 여자 골프 LPGA 레전드 중의 한 명인 신지애 선수는 슬럼프의 원인과 극복에 대해 이렇게 얘기하더군요.

"나만이 잘하는 것이 분명히 있는 데도 사람들은 내가 못하는 것만 지적했고 거기에 집중하다 보니 어느 순간 내 장점을 잃어버렸다. 재활하는 동안 나의 우승 장면이 담긴 영상들을 다시 보면서 내가 잘하는 것들에 집중한 것이 메이저 대회 포함 2주 연속 우승의 비결이다."

세계 3대 국제 영화제라는 2022년 5월의 칸(Cannes) 영화제에서 감독상에 박찬욱, 남우주연상에 송강호가 수상을 했지요. 한국이 가장 중요한 3개 중 2개의 상을 받음으로써 한국 영화의 경쟁력을 확인한 것이지요.

재미있고 역설적인 것은 근년에 세계 시장을 무대로 크게 호응을 얻은 〈기생충〉, 〈오징어 게임〉, BTS, 블랙핑크 등의 성취는 중국의 한한령이 없었다면 존재하기 어려웠을지도 모른다는 점입니다. 한류를 금지함으로써 우리를 손봐주려는 중국의 의도는 오히려 한국의 경쟁력만 높여준 꼴이 된 것이죠.

한한령 없이 과거처럼 경로의존적 성장을 지속했다면 한국의 콘텐츠 업계는 여전히 중국을 주요 시장으로 겨냥하는 작품들을 양산하고 있었을 가능성이 큽니다. 한한령 극복을 위해 한국의 문화 콘텐츠 업계는 세계를 상대할 수밖에 없었고, 그 결과는 현재 우리가 목격하고 있는 그대로입니다.

물론 이런 현상은 21세기 대한민국이 과거와는 비교할 수 없는 대항력과 적응력을 가지고 있다는 증명이겠지만 우리가 잘하는 분야, 즉 강점을 강화했기에 가능했던 것입니다. 한국의 입장에서 중국과의 건설적 교류는 앞으로도 중요할 것이나 중국이 일방적 압력으로 얻을 수 있는 실익이 비용에 비해 너무 적다는 사실이 입증된 것입니다.

마케팅의 구루라는 피터 드러커는 《프로페셔널의 조건》에서 "사람은 자신의 강점으로만 성과를 올릴 수 있다. 강점에 집중하고, 하지 말아야 할 분야는 빨리 포기하라"고 충고합니다. 말하자면 자신의 강점에 올인하라는 것인데 이는 자신의 부족한 부분, 즉 약점 보완에 많은 시간과 노력을 기울이는 비효율적인 행태를 버려야 한다는 것이지요. '약점 보완이 아니라 강점을 더 살려라.' 보통 사람들이 흔히 빠지기 쉬운 함정을 잘 표현한 것 아니겠습니까?

백만장자 비즈니스든, 스포츠 경기든 상대가 있는 것은 남이 만들어 놓은 규칙으로 싸워서는 승리하기 어렵지요. 규칙은 내가 만들어야 한다는 의미인데, 사실 약자가 강자를 이기는 방법은 강자라서 안 하거나 못하는 방법을 공략하는 것입니다. 그리고 싸움을 하기로 마음먹었다면 모든 것을 던져야 합니다. 지킬 게 있으면 약해질 수밖에 없습니다.

돈을 대하는 자세 역시 마찬가지입니다. 혹시 돈이라는 존재가 있는 사람은 원래 있고, 없는 사람은 원래 없는 거라고 생각하는 바보는 없을 것입니다.

그렇지만 어제와 다른 내일, 그리고 남다른 삶을 원한다면 반드시 충족시켜야 하는 전제조건이 있습니다. 더 많은 성과를 낼 수 있는 일을 선택해서 남다르게 해야 한다는 것입니다. 남들이 하는 일을 어제와 똑같이 하면서 살아간다면 절대로 남다른 삶을 살 수 없습니다. 경쟁력을 갖추지 않는 한 당연히 어제와 다른 내일이 있을 수는 없습니다.

얼마 전 자칭 우리나라 최고 바람둥이에서 연애코치로 자수성가한 사람이 쓴 《미친 연애》라는 책을 접한 적이 있습니다. 그는 원래 소심하고 숙맥에 못생긴 남자로 여자들에게 인기라고는 전혀 없었다고 하더군요. 그러다 여자에 대해 알고 스스로를 가꾸고 변화시켜가며 여자들이 열망하는 남자로 거듭나고, 연애 코치로 성공과 돈까지 거머쥐게 되었다는 얘기입니다.

재미있지 않습니까? 저는 그의 이야기에서 많은 충격과 깨달음을 얻었습니다. 보통 남자나 여자들은 '나는 못생겨서, 뚱뚱해서 혹은 재미가 없어서, 인기가 없어서'라며 포기해버리기 쉽습니다.

돈을 대하는 태도 역시 비슷합니다. '나는 물려받은 돈이 없어서, 능력이 없어서 혹은 운이 없어서 돈을 못 벌어'라고 한계를 지우며 그 자리에 안주해 버립니다. 그러고는 맘먹은 대로 잘 안 풀리는 것에 대해 온갖 불평불만과 변명으로 시간을 보내는 경우가 많습니다.

그런 그들에게 스스로의 경쟁력을 키워 바닥에서부터 자수성가로 성공을 한 사람들의 이야기는 더 이상의 변명을 하지 못하게 만들고 부끄럽게 만듭니다. 말하자면 그 누구도 이 세상에서 힘들게 살도록 태어나지 않았습니다. 스스로를 (강점을) 키워 행복과 온갖 풍요로움을 누릴 운명을 가지고 태어났으며 그것이 우리 존재의 이유입니다.

인정하겠지만 인간 사회에서는 큰 문제를 해결하는 것이 작은 문제를 해결하기보다 쉽습니다. 모든 것은 생각에 영향을 받기 때문입니다. 마라톤을 완주한 선수에게 리포터가 물었습니다.

"뛰는 동안 당신을 가장 힘들게 한 것은 무엇이었나요? 턱까지 올라온 호흡이었습니까? 아니면 갈증이었나요?"

그러자 고통스럽게 가쁜 숨을 몰아쉬던 선수가 말했습니다.

"저를 힘들게 한 것은 호흡도, 갈증도 아닙니다. 가장 힘들게 한 것은 신발 속에 들어간 작은 모래알이었습니다."

인생을 살면서 우리를 정말로 힘들게 하는 것은 큰 문제가 아니라 일상에서 만나는 작은 문제들입니다. 작은 균열이 걷잡을 수 없는 결과를 초래하듯 내버려두고 넘겨버린 작은 문제들이 돌이킬 수 없는 상황과 마주하게 할 수도 있습니다. 작은 모래알처럼 간단하고 쉬운 문제일수록 즉각 해결하는 습관을 들여야 합니다. 그것이 강점 강화의 방편이고 경쟁력의 원천이 됩니다.

이렇게 부자가 되고 돈을 번다는 것은 약점이 아닌 강점을 파고들어야 한다는 뜻입니다. 약점을 보완하려다 보면 강점이 약해집니다. 그리고 더욱 치명적인 것은 자기의 강점, 즉 자신이 무엇을 잘할 수 있는지를 모르는 자는 아예 아무것도 성공적으로 시도하지 못한다는 것입니다.

대박을 꿈꾸는 곳에
리스크 역시 존재한다

"나태주 시인은 '자세히 보아야 예쁘다. 오래 보아야 사랑스럽다.
너도 그렇다'라고 노래한다. 오래 보고 자세히 본다는 것은 시간을 들이는 것이다."

사람의 삶은 욕망, 이른바 부와 명예, 권력 등의 성취를 갈망하고 그것을 이루고자 하는 도전으로 구성되어 있다. 그러나 한평생을 그렇게 살다보면 어느 순간 번아웃이 찾아오고 모든 것에서 벗어나고 싶은 순간이 찾아온다.

인간은 실현 불가능한 욕망이 있다는 사실을 확인할 때 불행해지는 것이다. 왜냐하면 한 가지 욕망을 실현시켰을 때 만족스러울 것이라고 착각하지만 그 욕망이 실현되었을 때는 지금까지 추구했던 욕망은 진부한 일상이 되기 때문이다.

가령 행복을 정의할 때 'H = C/D'라는 등식이 성립한다. 이때 H는 행복, 즉 해피니스(Happiness)이고 C는 돈을 의미하는 캐피탈(Capital)이며, D는 욕망인 디자이어(Desire)이다.

이 등식으로만 본다면 자본주의 사회 체제에서 행복이 커지려면 돈이 많아져야 한다. 하지만 돈은 한정되어 있기 때문에 경쟁 논리가 작동할 수밖에 없다.

문제는 경쟁이라는 것이 항상 배타적이라는 점이다. 이것의 결과는 다른 사람이 나에게, 혹은 내가 다른 사람에게 지옥을 안겨주게 되는 것이다. 그러므로 이 도식 안에서 살아가려면 언제나 불안이 내면화되는 것이다. 인간은 거의가 자본주의 시스템이 만든 이런 도식 안에 삶을 집어넣고 살아간다. 물론 지금은 옛날에 비해 돈도 많아졌고 풍요로워진 것은 사실이다.

그런데 그 풍요로워진 만큼 행복한가 하면 그렇지가 않다. 왜 그럴까? 바로 욕망이 커져서 그런 것이다. 그렇다면 거꾸로 욕망이 줄어들면 행복이 커질까? 사실 돈과 명예는 긴 인생길에 하나의 수단이고, 삶의 궁극적인 목적은 행복이다. 그렇다면 '행복한가?'라는 질문에 의미 있는 답을 얻기 위해서는 어떻게 해야 하는 것일까?

욕망의 배치를 잘해야 해방될 수 있다

현대인의 삶에서 예전보다는 풍요로워졌다는 것을 인정한다면 행복을 위해서는 'H = C/D' 등식에 따라 욕망을 줄여야 한다는 결론에 이르게 된다. 그런데 이때 욕망이 줄어들기 위해서는 내적 든든함이 뒷받침되어야 한다. 내면의 힘을 기르는 것이다.

가령 나태주 시인은 '자세히 보아야 예쁘다. 오래 보아야 사랑스럽다. 너도 그렇다'라고 노래한다. 오래 보고 자세히 본다는 것은 시간을 들이는 것이다. 시간의 향기가 그 속에서 배어드는 것이고 이때에 비로소 내적 든든함이 생기는 것이다. 그런 때는 욕망이 지배하거나 불안하게 만들지 못한다.

비교적 젊은 나이에 돈도 벌고 명예도 갖게 되었지만 '번아웃 증상'을 호소하는 사람들이 많다. 그는 나름대로 노력하여 괜찮은 결과를 만들어냈지만 그런 성취에 만족하도록 세상은 놔두지 않기 때문이다. 그렇게 되면 '이 정도는 벌어야지, 이 정도는 누려야지'라는 추가적인 욕망을 슬글슬금 키우게 된다.

그 단계에 사로잡히면 늘 결핍되어 있고 행복은 영원히 유보될 수밖에 없는 것이다. 그때가 바로 '부와 명예를 갈망하는 욕심을 줄일 수 있는 방법이 뭐가 있을까?'라는 고민을 시작할 때이다.

지금 도덕 선생이 되어 '욕심을 버려야 행복해진다'라고 얘기하는 것이 아니다. 노력을 해야 하나 성공이라는 욕망에 너무 매몰되면 진짜 중요한 것을 놓칠 수 있다는 것을 말하는 것이다. 그렇다! 욕망의 배치를 잘해야 해방될 수 있다. 그때부터 진정한 자유가 시작되고 행복을 누릴 수 있는 삶이 되는 것이다.

쉬어가는 의미로 재미있고 생각을 하게 하는 이야기를 하나 보고 가자. 아래의 글은 홍콩 작가 리앙즈웬이 쓴《너는 꿈을 어떻게 이룰래?》에서 발췌, 인용한 내용이다.

많은 재산을 소유한 부자가 자신의 아들에게 가난한 삶을 체험시키고자 가난한 사람들이 사는 시골로 여행을 보냈다. 부자는 우리가 얼마나 부유한지를 아들이 깨닫게 하고자 하는 의도였다. 여행을 다녀온 아들은 아버지에게 이렇게 소감을 밝혔다.

"우리집에는 개가 한 마리 있지만 그 집에는 네 마리가 있었고, 우리집에는 수영장이 하나 있지만 그 집에는 끝없이 흐르는 계곡이 있었고, 우리집에는 전등이 몇 개 있지만 그 집에는 무수한 별들이 있었고, 우리집에는 작은 정원이 있지만 그 집에는 넓은 들판이 있었고, 우리집에는 가정부의 도움을 받지만 그 집에서는 서로서로 도움을 주고받고 있었고, 우리집에는 돈을 주고 먹을 것을 사야 하지만 그 집에는 돈이 없어도 손수 농사를 지어 먹을 것이 논과 밭에 있었고, 우리집은 높은 담장만이 우리를 보호하고 있지만 그 집은 이웃들이 서로서로 보호해주고 있었어요."

그리고 아들은 마지막에 한마디를 덧붙였다.

"아버지! 저는 우리집이 얼마나 가난한 집인지를 비로소 깨닫고 왔어요."

그렇다. 어찌 보면 부(富)란 마음가짐의 문제이다. 인간은 누구나 행복한 삶을 바라고 살아간다. 그런데 우리가 찾는 행복의 기준이 꼭 돈이 많아야 하는 것은 아닐 것이다. 잘 관찰해 보면 재산이 있는 자는 그 재산으로 인해 괴로움이 생기고, 권력이 있는 자는 그것을 유지하기 위해 늘 괴로움에 허덕이는 것을 보게 된다.

아무리 물질의 여유를 누린다 해도 자기만족을 갖지 못하고 상대적 열등감이나 차별적 생각에 빠지게 되면 행복은 남 이야기가 될 것이다. 결국 타인의 지위와 재산을 부러워하며 열등감에 빠지는 것을 경계해야 한다. 왜냐하면 부자이되, 그냥 돈 많은 부자가 아닌 '행복한 부자'가 삶의 목표가 되어야 할 테니까….

당대에 성공하려면 큰 각오가 필요하다

행복한 부자 얘기를 장황하게 했으니 지금부터는 각도를 달리해 부자가 되는 방법을 얘기해 보자. 지금은 비즈니스로 기업을 운영해서 당대에 엄청난 재벌이 되겠다는 것은 찾아보면 없는 것도 아니나 성공 확률이 매우 낮다. 그렇지만 농사를 지어서 또는 취직한 월급쟁이가, 더 나아가 영업활동을 열심히 해서 재벌이 되겠다는 것보다는 성공 확률이 높다.

그런데 지금까지 아무도 시도해보지 않았던 일이나 누구도 모르는 일을 하게 되면 대부분 실패하지만 대박이 터질 수도 있는 시대이다. 예컨대 30년 전에는 구글, 애플, 아마존, 페이스북, 셀트리온, 카카오, 네이버 같은 기업들이 시작한 일들 자체가 없었다.

이전에는 그런 직업이 없었기에, 누구도 모르는 새로운 일이기 때문에 돈이 아무리 많아도 아이디어가 없는 사람은 할 수가 없는 일에 속하는 것이었다. 그런 이유로 자기 당대에 성공하려면 몇 가지 조건이 필요하다.

첫째, 새로운 아이디어나 아이템이 있어야 한다.

이것이 꼭 새로운 분야에서 나와야 된다는 것은 아니고 이미 산업은 레드오션이지만 그 안에서도 틈새시장을 찾아 블루오션을 만들면 되는 것이다. 다만 남들이 쉽게 따라할 수 없거나 독창적이어야 한다는 전제 조건은 필요하다.

둘째, 트렌드, 즉 사회가 그 방향으로 흘러가 줘야 한다.

사업의 중요성을 논하면서 트렌드는 아무리 강조해도 지나치지 않다. 아무리 좋은 아이디어가 있어도 사회가 그쪽으로 흘러가 주지 않으면 당대에 빛을 볼 수가 없다. 가령 명작 그림이라도 사후 200년 후에 유명해지는 사람이 있는가 하면 당대에 빛을 보는 경우도 있다. 이때도 역시 당대에 유명해진 사람이라고 하여 그림을 더 잘 그리는 사람이라고 할 수 있는 건 아니지만 자신의 노력과 주위 환경이 맞아야 성공을 하는 것이다.

이 부분 오해 없기 바란다. 당대에 성공한 사람들이 특출한 재능을 갖고 있기에 반드시 성공한 것이 아니다. 대충 만 명이 시도를 하면 대부분 실패하고 단 몇 명만이 성공하는 것이라고 한다면 세상에 드러난 사람은 그 몇 명의 성공한 사람들인 것이다.

이렇게 대성공을, 대박을 꿈꾼다면 확률적으로 99% 실패의 위험을 안고 가야 한다. 예컨대 공무원 시험에 합격하거나 대기업에 취직하는 것도 실패할 확률이 높지만 그런 일은 굉장히 안정적인 직업이다. 그래서 취직하는 것을 대박이라고 하지는 않는다.

같은 논리로 농사를 짓는 일은 돈을 많이 벌 수도 없지만 특별히 실패할 확률도 그렇게 높지 않다. 물론 이상 기후나 태풍이 불어 실패하기도 하지만 농사는 이익이 나도 그렇게 많이 안 나고, 손실이 나도 많이 안 나는 일에 속한다. 리스크가 적은 것이다.

반면 주식이나 코인에 투자하는 행위는 이익을 보면 많이 보고, 손해 시에는 본전도 까먹는 경우가 허다해서 위험 부담이 크다. 말하자면 수익이 날 때는 농사짓는 것보다는 훨씬 더 많이 나지만 대신 잘 안 돼서 실패한 사람들도 많이 있는 것이다.

세상을 살아가는 방법은 여러 가지가 있다. 예컨대 편안하게 살면서 나름 보람 있게 살아가는 방법도 있고, 다른 것들은 포기할 각오로 새로운 방법에 도전하는 것도 있다. 어느 것을 선택하든 그건 자기 선택일 텐데 중요한 것은 새로운 길은 항상 어렵다는 점이다.

새로운 길을 개척하는 것은 백 번 도전해도 한 번 성공하기가 어렵지만 그걸 기꺼이 즐거운 마음으로 받아들여야 한다.

욕심으로 덤비면 대다수가 실패의 쓴맛을 보고 좌절을 한다. 그런데 그걸 재미로 삼으면 전혀 얘기가 달라진다.

'남들 다 가는 길을 가면서 무슨 재미로 사나? 그 길은 너희들이나 가라. 나는 새로운 길을 개척하다가 죽어도 좋다.' 이런 정도의 자세로 임해야 한다. 그렇지 않으면 인생이 피곤해지고 괴로워진다. 또한 성공한 사람들은 모두 그런 자세였다.

성공한 사람에게 없는 5가지 감정

성공의 개념이 무엇인지는 수많은 정의가 있겠지만 누가 뭐라고 해도 자기 스스로 성공의 길을 걷고 있다는 확신이 없는 성공은 성공이 아니다. 자기의 인정 여부는 중요한 것이다. 그렇게 본다면 성공은 자기 확신의 문제라고 할 수 있다.

가령 부와 명예 등등 외적으로 아무리 그럴 듯한 것들을 갖추고 있어도 스스로의 성공을 인정 안하면 피곤한 인생일 것이다. 이런 자기 확신에 이르기 위해선 다음과 같은 5가지 감정이 없어야 한다.

① 질투심 : 성공은 추상적이라 등수를 매길 수 없다. 가령 문화계에서 큰 성취를 이룬 사람이나 과학계에서 인정받는 사람을 단순 비교해 누가 더 성공했는지 판단할 수 없는 것과 같은 이치다.

성공한 사람에겐 질투심이 없는데 그것은 두 가지 이유 때문이다. 우선 자신의 삶에 만족하기 때문이고, 다음은 주위 사람들이 성공해야 자신이 성공하는 데 도움이 된다는 것을 알기 때문이다. 따라서 각자의 분야에서 경력을 쌓아가며 만족한다면 그것이 곧 성공인 것이다. 질투할 필요가 뭐가 있겠는가.

② 무관심 : 무관심하다는 것은 그 대상에 전혀 감정적으로 투자하지 않는다는 의미이다. 무관심은 어떤 것에 신경을 쓰지 않는 것이다.

사랑의 반대말은 미움이 아니라 무관심이란 말이 있다. 그처럼 무관심은 무서운 감정인데 이는 에너지를 고갈시키고 열정을 말라 죽이기 때문이다. 무관심은 무슨 일이 일어나든 신경 쓰지 않는 것을 말하고, 이것은 어떤 변화도 일어나지 않는다는 의미가 된다.

③ 두려움 : 현재를 살아가는 사람들이 가장 두려워하는 것은 미래

이다. 앞으로 어떻게 살아가지? 일자리를 잃게 되지는 않을까? 어느 날 아프지 않을까? 아이들이 좋은 직장에 들어갈 수 있을까? 은퇴한 후에도 걱정 안 하고 먹고살만한 돈을 모을 수 있을까? 등등이다.

하지만 성공한 사람의 특징은 미래를 두려워하지 않는다는 것이다. 이는 늙어 죽을 때까지 먹고살만한 것을 모두 준비해뒀기 때문이 아니라 두려움이나 걱정이란 감정이 자신을 실패로 몰아갈 것이라는 것을 알고 있기 때문이다.

④ 절망감 : 절망감이란 희망이 꺾인 마음을 말한다. 아무리 돈을 많이 벌고 높은 지위에 올랐다 해도 더 좋아질 것이라는 기대와 더 나아갈 수 있다는 희망이 없으면 그의 미래는 밝지 않다.

절망감을 가지고 있는 한 성공의 기회를 잡을 수는 없다. 그런 마음으로는 무엇인가 시도할 의욕도 일어나지 않기 때문이다. 지금은 처지가 보잘 것 없어도 희망을 가진 사람은 성공이 진행 중인 삶을 살아가는 것이다. 성공한 사람의 특징은 절망하지 않는 것이다.

⑤ 탐욕 : 인간의 탐욕이 야망이나 목표, 꿈이란 말로 포장되기도 한다. 하지만 욕심을 갖는 것과 뜻을 높이 두는 것은 다르다. 대부분의 사람들은 성공하려면 더 많이 가지려는 욕심, 더 높이 올라가려는 욕심을 가져야 한다고 생각한다.

그러나 성공한 사람은 더 갖고자 하는 탐욕이 아니라 더 나은 세상, 더 나은 사람이 되는 것에 대한 생각으로 살아간다. 더 나은 변화에 대한 생각이야말로 야망이나 꿈이란 단어와 잘 어울리는 단어이다.

이렇게 성공한 사람에게 없어야 하는 5가지 감정이라는 제목으로 설명했지만 성공자의 덕목이 이것만 있는 것은 아닐 것이다. 그렇지만 질투심, 무관심, 두려움, 절망감, 탐욕이라는 감정에 초연해질 수 있다면 그는 성공자가 분명하다. 또한 그는 큰 가치 있는 성공을 향해 순항한다고 할 수 있을 것이다.

자수성가로
억만장자가 된 사람들

연금술사 한국은 부자들에게는 참 살기 좋은 나라인 반면, 일반 서민들에게는 살아가는 것 자체가 힘들고 만만치 않은 곳이라고 합니다. 좀 흘러간 표현이긴 하나 유럽이나 북미, 호주 등과 비교해서 의미 있는 표현들이 많이 있지요.

'한국은 재미있는 지옥, 캐나다(미국, 호주 등)는 재미없는 천국'이라는 말을 많이 들어보셨을 것입니다. 그런데 1인당 소득이 3만 5천 달러가 넘어간 현재도 그 말이 효력을 상실하기는커녕 점점 더 심화되는 것 같습니다.

물론 일반 서민들에게는 선진국 반열에 올라섰다는 징표인 1인당 소득을 체감하지 못합니다. 극도로 빈부 격차가 커져감으로써 우리나라가 마치 동남아시아화 되어가고 있지만 상황은 그곳보다 더욱 심각합니다. 왜냐하면 동남아 사람들은 사회적인 분위기나 종교 등의 영향으로 불평등에 둔감하고 자신이 가진 것에 만족하고 받아들이지만 한국은 다릅니다.

예컨대 '배고픈 건 참아도 배 아픈 건 못 참는 민족성'과 치열한 교육열 탓에 교육 수준은 높고 덩달아 눈까지 높은(솔직히 의식 수준, 즉 민도가 높은지는 의문) 한국인들은 불평등과 불합리, 빈부 격차를 지켜만 보지 않으며 불평불만이 터져나오는 상황입니다.

결국 제대로 된 솔루션은 극소수의 금수저를 제외하고 99% 이상의 일반 서민들이 모두 돈을 벌고 부자가 되어야 한다는 얘기가 되네요. 그렇다면 과거와 달리 모든 성공 공식이 잘 통용되지 않는 이 시대에 자본 없이도 부자가 되고 성공하는 방법을 찾는 것이 관건일 것입니다.

먼저 일을 대하는 태도를 바꾸는 것부터 시작해야 합니다. 혹시 열심히 해야 한다는 의무감에 사로잡혀 '닥치는 대로' 일하고 있지는 않은지 되돌아봐야 하지요. '태도'로 평가받던 시절이 있었지요. 그때 몸에 익은 버릇이 아직도 남아 있는 건 아닌가 의문해 봐야 합니다. 가령 일에 대한 '분석' 없이 아무 일이나 열심히 하고 있다면 아마도 그것은 '헛일'을 하고 있을 개연성이 큽니다.

이 문제에 대한 솔루션은 명쾌합니다. 우선 일을 대하는 태도 자체를 프로선수들처럼 바꿔야 합니다. 마치 타자가 한방을 노리듯 효과적으로 일해야 합니다. 이때 '효과적'이란 '성과'와 직결되는 것을 말하므로 어떤 일을 할 때는 노리고 기다리다가 거기서 승부를 걸어야 한다는 것이지요.

이렇게 일하는 방식을 양(量)보다는 질(質)로 전환하지 않으면 새벽부터 밤까지 일해도 성과가 적을 수 있고, 일을 못한다는 평가를 받기 쉽습니다. 물론 열심히 일하는 것, 즉 효율적으로 하는 것도 필요하나 결과가 신통치 않으면 꽝이겠지요. 그런 이유로 '효과적'으로 일할 것을 강조하는 것은 지나쳐도 괜찮을 것 같습니다.

 맞아요. 가끔 우리네 인생은 롤러코스터를 타는 것과 같다는 생각을 하곤 합니다. 오르막길을 오르다가도 어느 순간 내리막길을 밟아야 하는 것처럼 말이죠.

사람의 욕심도 못지않습니다. 1천만 원을 가지고 있으면 1억 원 가진 사람이 부럽고, 1억 원을 가지고 있으면 10억 원 가진 사람이 부럽지요. 물론 10억 원 가진 사람은 100억 원이 부럽지요. 이처럼 인간의 탐욕은 끝이 없습니다.

그럼 지금부터는 흙수저로 시작, 자수성가로 억만장자가 된 사람들의 공통점 몇 가지를 볼까요. 사실 부자가 되려는 사람들 입장에서는 금수저 출신의 억만장자가 아니라 '혼자 힘으로 성공을 일군 자수성가형 억만장자들은 어떤 방식으로 성공을 이뤘을까?'는 궁금하잖아요.

세계적인 컨설팅 그룹인 PwC의 부회장이자 업계 30년 베테랑인 미치 코헨은 자신의 저서인 《억만장자 효과》에서 이들 자수성가 부자들을 비교 분석한 결과 몇 가지 공통점이 있다는 것을 깨달았다고 합니다. 그중 특별히 눈길이 가는 것 3가지를 소개해 보면 다음과 같습니다.

첫째, 그들 중 80% 정도는 레드오션 시장에서 성공을 거두었다.

우리는 흔히 창업에 성공하기 위해서는 '틈새시장을 노려라' 혹은 '블루오션을 찾아라' 등등의 조언을 합니다. 마치 '불멸의 진리'라도 되는 것처럼 충고를 합니다. 하지만 정작 자수성가형 억만장자들 중에서는 전혀 새로운 시장이나 틈새시장에서 성공한 경우가 많지 않다는 것이지요.

오히려 거의 80% 정도가 레드오션, 즉 경쟁이 극심한 시장에서 막대한 부를 창출했다는 것입니다. 이는 우리가 흔히 자수성가 억만장자들이 블루오션을 발견해서 그 분야를 석권함으로써 부를 축적했을 것으로 생각하는 기존 통념과는 대비되는 결과입니다.

둘째, 그들 중 79%는 직접 영업해 본 경험이 있었다.

억만장자들이 모두 다 타고난 세일즈맨은 아니지만 사업을 출범시키기 전에 영업 능력을 최대한 갖추려고 노력한 것으로 조사되었다고 하네요. 미치 코헨에 따르면 자기가 조사한 자수성가형 억만장자 중 상당수에 속하는 79%가 직접 영업을 해보았다고 합니다.

그러면서 '영업이란 이미 알려져 있는 제품이나 서비스를 파는 능력으로, 이를 잘 익히면 새로운 제품이나 서비스의 맥락을 소비자 요구에 맞게 재구성하거나 제품, 서비스, 기간, 조건, 위험 등을 변화시켜 더 잘 팔 수 있다'고 말합니다. 그리고 이런 영업 경험은 아이디어를 실현시키는 기획 능력에 큰 도움이 되어 성공의 밑거름이 되었다고 합니다.

셋째, 그들 곁에는 아이디어를 실현시켜 줄 좋은 파트너가 있었다.

설명에 따르면 성공한 억만장자들 중 절반 이상은 혼자 성공을 이룬 것이 아니라고 합니다. 아이디어를 실현시켜 줄 좋은 파트너와 함께했다는 것인데, 예컨대 MS에는 폴 앨런이, 애플에는 스티브 워즈니악이, 페이스북에는 셰릴 샌드버그가 든든한 조력자로 있었다는 것이지요.

이렇게 본다면 인생의 과정이나 부자가 된다는 것은 계속 성숙해 가는 과정이라고 할 수 있겠군요. 이런 얘기가 있죠. '과거는 해석에 따라 바뀌고, 미래는 결정에 따라 바뀌며, 현재는 지금 행동하기에 따라 바뀐다'라고…. 동의하시나요? 스스로 바뀌지 않겠다고 고집하면 아무것도 바뀌지 않습니다.

사람의 삶에는 목표를 잃는 것보다 기준을 잃는 것이 더 큰 위기입니다. 결국 인생의 방황은 목표를 잃었기 때문이 아니라 기준을 잃었기 때문에 어렵습니다. 무언가를 성취하는 것이 목표라면 기준을 잃지 않고 성장해 가는 것이 중요합니다. 인생의 진정한 목적은 끊임없이 성숙해 가는 과정이니까요.

새로운 비즈니스 성공을 위한
핵심 전략

"'사기는 말이야, 테크닉이 아니라 심리전이야.
그 사람이 뭘 원하는지, 무엇을 두려워하는지를 알면 게임은 끝이야.'
비즈니스도 접근 원리는 같다."

사람들은 자유를 원한다. 돈, 시간, 선택, 더 나아가 운명으로부터의 자유로운 삶을 원하는 것이다. 하지만 돈에 쫓기고, 시간에 쫓기고, 내가 원하는 선택은 능력이 안 되고 그렇게 하루하루 쫓기는 삶을 살아간다. 일반적인 소시민의 삶이다. 그렇지만 자신이 꿈꾸는 멋진 삶에의 그림을 완성하기 위해 희망을 가지고 도전하면서 살아가는 것 역시 평범한 사람들의 삶이다.

그러나 이런 사람들의 바람을 비웃기라도 하듯 시간이 지날수록 서민들의 삶은 좋아지기는커녕 어려움 속으로 빠져들고 있다. 사람들을 고통스럽게 했던 코로나19가 끝이 보이는 듯하는 2022년의 경제 환경은 희망이 보이지 않고, 많은 사람들의 한숨과 고통 속에 바닥을 헤매고 있다. 전쟁, 정치 상황 등 여러 가지 이유로 코로나19와

270

함께 시작된 자본시장의 거품이 빠르게 꺼지고 있는 것이다.

그 결과 주식시장에서 빚까지 내며 '풀매수'에 나섰던 개인투자자들은 지지부진한 하락장에서 뼈아픈 손실을 기록하고 있다. 한때는 조기 은퇴를 꿈꾸며 희망에 부풀었던 이른바 '파이어족'에 대한 기대감이 번졌지만 지금은 자조적인 목소리만 가득하다. 코인, 국내 주식, 해외 주식할 것 없이 자산 가격이 모두 하락세다. 개미들의 한숨 소리가 진동하는 것이다.

인간만이 한 번 진 상대한테 다시 덤빈다

새삼스러운 것도 없지만 많은 사람들이 부자되기를 꿈꾼다. 물론 예전에도 그랬으나 코로나 팬데믹 이후로 점점 부익부빈익빈 현상이 심해지다 보니 그런 경향이 더 강해지고 있는 것이다. 돈이 세상에서 최고라는 인식이 어린 아이부터 노인까지, 즉 남녀노소 가릴 것 없이 팽배하고 있다.

물론 돈은 이 세상을 살아가는 데 꼭 필요한 존재이다. 다만 돈이 세상의 전부가 되면 다른 삶의 가치들이 무너지기 때문에 가끔 경계가 필요하다는 것에는 많은 사람들이 공감한다. 그렇기 때문에 역설적으로 돈에 대해 정확하게 알아야 하는 것이 아닐까.

돈을 많이 버는 사람들과 만나 얘기해 보면 그 방법이 천차만별이다. 하나의 패턴으로 정리할 수도 없다. 그렇지만 부자가 되었다는 사람들의 얘기나 많은 책들의 주장을 보면 대부분이 자신이 했던 방법대로만 하면 돈을 번다는 전제를 깔아놓는다. 그러나 그 방법은 그에게 맞는 것이지 다른 사람에게 재연이 어렵다.

사람마다 처한 상황이 다르고 조건이 다른데 같은 결과를 기대하는 것이 허망하기 짝이 없는 것이다. 그러므로 좋은 충고는 단지 참고사항일 뿐 금과옥조가 될 수는 없고, 그런 이유로 돈 벌었다는 사람의 얘기나 책을 읽고 그 사람처럼 부자가 되었다는 사람들이 나오지 않는 이유이다.

이유는 또 있다. 돈을 버는 내용과 방법을 긍정적으로 받아들이느냐, 부정적으로 받아들이느냐에 따라서도 돈을 벌고 못 벌고의 차이가 나는 것이다. 그런 게 어디 있느냐고 할 수 있지만 사실이 그렇다.

예컨대 신약이 개발되어 모르모트나 토끼에게 실험을 하면 약효가 좋으나 인간에게 하면 그런 결과를 기대하기 어렵다. 모르모트나 토끼와 달리 인간은 끊임없이 의심하고 부정하기에 효과가 정상적으로 나오지 않는 것이다.

돈을 많이 벌려면 돈에 대한 경험이 필요하다. 이런 경험은 돈을 다뤄봐야 쌓이는 것이다. 가령 1억 원을 토대로 판단을 내렸던 경험은 1억 원의 그릇이 되어 축적이 된다. 그리고 돈은 그 그릇에 걸맞게 모여든다. 50억 원의 그릇을 가진 사람에게는 50억 원이, 10억 원의 그릇을 가진 사람에게는 10억 원이 모이는 이치인 것이다.

결국 돈은 세상을 순환하는 흐름과도 같다고 볼 수 있다. 이때 흘러가는 물을 일시적으로는 소유할 수 있어도 그걸 언제까지나 소유하지는 못하듯 자기 그릇에 맞지 않는 돈은 고여 있지 않고 다시 흘러나가는 것이다.

말하자면 성공에 필요한 건 도전정신과 경험인데 이때는 반드시 성공만이 경험은 아니다. 실패를 경험해본 사람 역시 그것을 거울삼아 다시 도약할 수 있다. 실패란 결단을 내린 사람만 얻을 수 있는 것이기 때문이다.

이때 중요한 것은 다시 덤벼야 한다는 것이다. 7전8기라는 말처럼 지구상에서 오직 인간만이 한 번 져본 상대한테 다시 덤빈다. 다른 동물들은 싸움에서 지면 꼬리를 내리고 다시 덤비지 못하지만 인간은 다르다. 말하자면 한 번 실패를 했어도 다시 도전하는 사람에게 부와 성공이 주어지는 것이다.

그런 의미에서 다음과 같은 언급은 새겨들어야 한다. 이것은 사람에게 최초로 심장이식 수술을 한 크리스티안 바너드의 말이다.

"사람을 고귀하게 만드는 것은 고난이 아니다. 어떤 역경에도 다시 일어서는 것이다."

그렇다! 사람이 살다보면 누구나 실수를 할 수 있고, 그로 인해 어려움을 맞이하기도 한다. 그렇지만 부득이하게 마주치게 되는 고난과 어려움은 우리를 강하게 하고, 그 역경을 통해 성장할 수도 있다. 이때 중요한 것은 다시 일어서는 것이다.

당사자 입장에서는 고통이고, 다시 일어선다는 것이 생각만큼 그렇게 간단한 것은 아니다. 그러나 역경에의 도전은 우리가 알지 못했던 내면의 강인함을 끌어올려주고 그 내면의 강인함은 고난이나 역경이 다시 찾아와도 우리를 꿋꿋하게 지켜주는 것이다. 그러므로 우리를 단련시켜주는 것은 고난이나 역경 그 자체가 아니라 그 시련을 헤쳐나가기 위해 취하는 행동이고 도전이다. 결국 이런 말이 된다.

"인생에서 중요한 것은 실패하지 않는 것이 아니라, 실패해도 좌절하지 않고 다시 도전하는 데 있다."

사기는 테크닉이 아니라 심리전이다

조금 오래되었지만 〈범죄의 재구성〉이라는 영화가 있다. 흥미진진한 진행과 매력적인 주연과 조연배우들, 그리고 완벽한 시나리오에 이르기까지 몰입도 으뜸인 영화이다. 기본적으로 범죄 영화이니 재미있게 보면 되지만 영화 마지막에 주인공인 염정아가 던지는 멘트가 일품이다.

"사기는 말이야, 테크닉이 아니라 심리전이야. 그 사람이 뭘 원하는지, 무엇을 두려워하는지를 알면 게임은 끝이야."

고상하게 얘기하고 있으나 사실 사기꾼의 먹잇감은 사행심이고 두려움과 탐욕의 역이용이다. 가령 주위에 사기를 당했다는 사람들이 왕왕 있는데 사기의 세계는 무궁무진하다.

주식담보 사기, 주가조작, 보이스 피싱, 전셋집 사기, 분양 사기, 지역주택조합 사기, 중고차 허위매물, 사기 결혼, 코인(가상화폐), 기획부동산, 중고시장 사기, 온라인 쇼핑몰 사기, 세일 사기, 서류 위조, 논문 표절, 정치인들의 뻥 공약 등등 헤아릴 수 없을 정도로 많다.

오죽하면 '대한민국은 사기 공화국'이라고 할까? 이런 사기 천국이지만 오히려 행복한 케이스도 있다. 자기가 사기를 당했는지도 모르고 사는 사람들인데, 의외로 많다. 더구나 경제뉴스를 뒤덮고 있는 내용도 잘 모르겠고 이름도 생소한 '루나 코인'에 이르면 점입가경이라는 말이 지나치지 않다.

우리나라는 주식(증권)시장도 도박판이라는 것에 크게 벗어나지 않는다. 공매도에서 보듯 정부와 자본시장이 공개적으로 벌이는 거대한 하우스인 셈인데, 그나마 약간의 견제장치나 투자자 보호 시스템이 있으니 다행이긴 하다. 하지만 루나 등 코인은 정말 무방비이고, 아사리판이며, 눈 뜨고 코 베가는 야바위판이라고 할 수 있다.

오해하지 말기 바란다. 지금 도박이고, 사기성이 농후하니 절대 주식시장에 뛰어들지 말라는 것이 아니다. 오히려 '남의 잔치' 혹은 '그들만의 리그'에 뛰어들어 들러리 서고, 바보되기 쉽고 까딱하면 호구되기 십상이니 제대로 알고 덤비는 것이 필요하다는 것이다.

이해되는가? 호구되기 싫으면 제대로 공부하고 덤벼라. 그랬을 때 확률도 높일 수 있고 돈을 벌 기회도 잘 잡을 수 있으며, 더 중요한 것은 비즈니스도 접근 원리가 같다는 것을 강조하는 것이다.

앞에서도 설명했지만 고객에게 접근하는 원리만을 본다면 비즈니스와 사기는 대동소이하다. 우선 둘 다 고객이 없으면 성립 자체가 안 된다. 그리고 둘의 차이점이라면 비즈니스가 합법적으로 다른 사람 주머니에서 돈을 꺼내오는 것에 반해, 거짓으로 속여서 불법적으로 꺼내오는 것이 사기이다. 물론 강도는 폭력적인 힘으로 다른 사람 주머니에서 빼앗는 것이다.

그럼 사기를 당하지 않으려면 '어찌 해야 하는가?'를 살펴보면서 비즈니스에의 접근 원리를 유추해보자. 앞에서 사행심이라고 포괄적으로 설명했지만 사기의 3요소는 과욕, 조급, 불안을 들 수 있다. 특히 이들 중에 두 가지 이상이 서로 결합하면 상승작용을 일으켜 성공 확률이 더욱 높아진다.

사실 살다보면 어떤 사람을 바보, 멍청이라고 놀렸는데 바로 내가 그 입장이 되어 있을 때가 있다. 자기가 사기를 당하기 전까지는 그런 일을 당한 사람들이 참 어리석어 보이고 '어떻게 저렇게 속지?'라고 하지만 막상 자기가 똑같은 수법에 당한 뒤에는 그들이 결코 어리석은 사람이기에 당한 것이 아니었음을 알게 된다. 이처럼 알면서도 당하는 것이 바로 사기다.

이 같은 사기가 성공하기 위해서는 다음과 같은 몇 가지 요소가 필요하다(당하지 말자는 역설적인 표현임은 알 것이다).

첫째, 과욕 내지는 탐욕이다.

지나친 욕심은 반드시 오판을 부른다. 상대가 던진 달콤한 미끼에만 마음이 쏠려 그 속에 감추어진 낚싯바늘을 보지 못하면 바로 낚이는 것이다. 상대의 의도도 따져보고 위험 요소도 검토해야 하나 과욕이 앞서다보면 냉정하게 리스크를 따지기보다 상대가 던져주는 그럴듯한 장밋빛 전망에 도취되는 것이다. 이렇게 되면 보이는 대로 보는 것이 아니라 보고 싶은 대로 보기 마련이고 이는 의도치 않는 결과에 빠지게 된다. 가장 많이 발생하는 부분이다.

둘째, 마음만 급하다. 즉, 조급함이다.

사람의 일이라는 것이 무엇이든 서둘다 보면 반드시 구멍이 생기게 되어 있다. 이런 사례는 인간관계의 모든 부분에서 일어난다. 하나만 보면 나름대로의 사정이야 있겠지만 예컨대 급하게 전셋집을 얻을 때 정확히 알아보지도 않고 주인도 아닌 사람과 계약을 체결해서 돈을 떼이는 사람들이 종종 있다.

사실 사람의 일이란 급하면 침착함이 흐트러지고 그렇게 되었을 때 그 허점을 알고 있는 누군가가 일을 꾸밀 가능성이 높다. 조급할수록 더욱 신중을 기해야 하는 이유가 바로 여기에 있다.

셋째, 불안, 즉 판단을 흐리는 심리이다.

많은 사건에서 보듯이 불안 심리를 악용하는 사기꾼들이 사회 도처에 즐비한 것이 현실이다. 일반적인 평범한 사람들의 특징은 미래가 불안할 때 마음이 약해져서 냉정한 판단보다 무리수를 두는 경향이 있다. 특히 경제적인 안정이 보장되지 않은 상황에서 누군가가 큰 대가가 있고 일확천금을 거머쥘 수 있을 것처럼 유혹하면 이성보다 환상에 사로잡히게 된다.

평소 같으면 실현 불가능한 뜬구름 같은 얘기로 치부하겠으나 자신의 처지가 불안할 때는 이것이 어렵다. 특히 화자, 즉 말하는 사람이 평소 어느 정도 신뢰할 수 있는 사람이라면 그의 말에 귀가 솔깃해지는 것이 평범한 인간의 한계인 것이다.

우리 주위의 모든 사람이 사기꾼은 아니다. 그렇지만 사기꾼 역시

기승을 부리는 것도 사실이다. 어차피 우리가 살아가는 사회는 꼭 착하고 정직한 사람들만 살아가는 것이 아니다. 수많은 사람들이 지지고 볶으며 살아간다. 이러한 때에 다음 내용들을 알고 있다면 삶이나 비즈니스에서 조금이나마 도움이 될 것이다.

비즈니스의 본질적인 3가지 질문

앞의 〈범죄의 재구성〉으로 돌아가 보자. '그 사람이 뭘 원하는지, 무엇을 두려워하는지를 알면 게임은 끝이야'라는 멘트를 잠깐 곱씹어보면 인간관계, 즉 가족, 연인, 친구, 동료뿐 아니라 모든 비즈니스 관계에서도 두루두루 유용하게 쓰일 수 있는 내용을 담은 멘트이다. 왜냐하면 이것으로부터 다음과 같이 인간관계 비법과 비즈니스의 성공 전략 3가지를 유추해낼 수 있기 때문이다.

첫째, 대상, 즉 타깃이 누구인지를 정확히 알아야 한다.

비즈니스에 적용한다면 우선 나의 고객은 누구인가를 먼저 파악해야 한다. 사실 믿기 힘들고 놀랍게도 자신의 고객이 누구인지에 대해 분명한 고민 없이 사업을 진행하는 소기업, 소상공인, 1인 기업이 많다. 자신이 어디를 향해 쏠 것인지에 대해 진지한 고민 없이, 즉 맞춰야 할 타깃이 불명확한 상태에서 화살을 날리는 것이다.

꼭 비즈니스가 아니라도 누구를 사랑하고, 누구와 즐겁게 지내고, 누구와 좋은 관계를 유지해야 하는가는 중요하다. 말하자면 과녁이 정확해야 한다는 것이다.

둘째, 그들이 원하는 것이 무엇인가를 파악해야 한다.

타깃이 정해지고 비즈니스라면 고객이 원하는 이익과 즐거움이 무엇일까를 고민해야 한다. 분명한 것은 고객은 자신의 문제를 해결해 줄 수 있는 것에는 기꺼이 주머니를 연다는 점이다. 그러므로 '고객들의 문제와 그 솔루션이 무엇인지'에 대해 항상 고려하는 것이 비즈니스의 본질이 되어야 한다.

흔히 웃음과 유머 코드를 경영의 훌륭한 도구라고 얘기한다. 맞다. 고객을 즐겁게 하는 것 역시 기본이 되어야 하기 때문이다. 어쨌든 고객이 원하는 것은 무엇인가에 대한 고려는 결코 멈추지 말아야 한다. 예컨대 사랑을 얻으려면 상대가 좋아하고, 또 실제 받기를 원하는 것을 해줘야 하듯이 말이다.

셋째, 고객이 두려워하는 것이 무엇인가를 파악해야 한다.

약간 의외일 것 같은데 사실 대개의 고객은 손실에 민감하다. 고객이랄 것도 없이 사람은 누구나 손해받았다는 느낌을 싫어하고 두려워한다. 그런데 이것이 돈 문제로 범위를 좁히면 정도가 더 심해진다.

280

예컨대 마키아벨리는 《군주론》에서 '사람들은 아버지의 죽음은 쉽게 잊어도 재산(유산)을 빼앗기는 것은 쉽게 잊지 못한다'고 말한다.

말하자면 자신의 수중에서 돈이 사라지는 것에 두려움을 넘어 원한을 갖는 것이다. 일반적으로 사람들은 자신의 문제에 대한 솔루션을 찾고 그것이 여의치 않았을 때 직면하게 되는 다양한 상황을 두려워한다. 그러므로 사업의 목표는 고객들의 두려움을 해소시키고 해결해주는 것이 되어야 한다.

이렇게 〈범죄의 재구성〉으로부터 유추한 3가지 내용, 즉 '나의 고객은 누구인가?', '그들은 무엇을 원하는가?', '고객이 느끼는 아픔과 두려움은 무엇인가?'는 꼭 사기를 치려고 하는 것이 아니라 비즈니스 차원에서도 곱씹어야 할 핵심 질문이다.

어쨌든 고객의 문제를 해소해주는 것과 두려움을 해소해주는 것은 모든 비즈니스의 본질이므로 어떤 일을 하든 이 핵심적인 3가지 질문을 책상 앞에, 샤워장 앞에, 바인더 첫 장에 적어놓고 사업 초기부터 끊임없이 묻고 적용해야 한다.

이제 이 책을 마쳐야 할 시점이 왔다. 긴 시간 성공, 돈, 부자라는 주제로 이야기를 풀어봤지만 가장 중요한 것을 얘기를 할 차례이다. 그것은 모든 문제는 자기 안의 문제이고 모든 것은 나 자신의 내면의 변화로부터 시작된다는 것이다.

러시아의 대문호 톨스토이는 "누구나 한 번쯤 인류를 변화시켜보자는 꿈을 꾸지만, 자기 자신을 변화시키겠다는 사람은 찾아보기 어렵다"라고 말했다. 이 말은 대부분의 사람들은 타인이 변화되기를 바랄 뿐 자기 자신이 먼저 변화해야겠다는 생각은 전혀 하지 못하는 어리석음을 범한다는 것이다.

영국 런던의 웨스트민스터 대성당 지하묘지에 있는 한 성공회 주교의 묘비에는 그가 죽음을 앞두고 쓴 글로 추정되는 묘비 글이 적혀 있다. 이 글을 언급하면서 책을 마무리한다.

어느 주교의 묘비 글

내가 젊고 자유로워서 상상력에 한계가 없었을 때
나는 세상을 변화시키겠다는 꿈을 가졌었다.

좀 더 나이가 들고 지혜를 얻었을 때
나는 세상이 변하지 않으리라는 것을 알았다.

그래서 내 시야를 약간 좁혀 내가 살고 있는
나라를 변화시키겠다고 결심했다.
그러나 그것 역시 불가능한 일이었다.

황혼의 나이가 되었을 때 나는 마지막 시도로
나와 가장 가까운 내 가족을 변화시키겠다고 마음을 정했다.
그러나 아무것도 달라지지 않았다.

이제 죽음을 맞이하기 위해 자리에 누운 나는 문득 깨닫는다.

만약 내가 나 자신을 먼저 변화시켰더라면
그것을 보고 내 가족이 변화되었을 것을….
또한 그것에 용기를 내어 내 나라를
좀 더 좋은 곳으로 바꿀 수 있었을 것을….

그리고 누가 아는가?
이 세상까지도 변화되었을지!

중앙경제평론사 Joongang Economy Publishing Co.
중앙생활사 | 중앙에듀북스 Joongang Life Publishing Co./Joongang Edubooks Publishing Co.

중앙경제평론사는 오늘보다 나은 내일을 창조한다는 신념 아래 설립된 경제 · 경영서 전문 출판사로서
성공을 꿈꾸는 직장인, 경영인에게 전문지식과 자기계발의 지혜를 주는 책을 발간하고 있습니다.

백만장자 연금술

초판 1쇄 인쇄 | 2022년 11월 13일
초판 1쇄 발행 | 2022년 11월 18일

지은이 | 김정수(JyungSoo Kim)
펴낸이 | 최점옥(JeomOg Choi)
펴낸곳 | 중앙경제평론사(Joongang Economy Publishing Co.)

대   표 | 김용주
책임편집 | 한옥수
본문디자인 | 박근영

출력 | 영신사 종이 | 에이엔페이퍼 인쇄 · 제본 | 영신사

잘못된 책은 구입한 서점에서 교환해드립니다.
가격은 표지 뒷면에 있습니다.

ISBN 978-89-6054-306-5(03320)

등록 | 1991년 4월 10일 제2-1153호
주소 | ⊕ 04590 서울시 중구 다산로20길 5(신당4동 340-128) 중앙빌딩
전화 | (02)2253-4463(代) 팩스 | (02)2253-7988
홈페이지 | www.japub.co.kr 블로그 | http://blog.naver.com/japub
네이버 스마트스토어 | https://smartstore.naver.com/jaub 이메일 | japub@naver.com
♣ 중앙경제평론사는 중앙생활사 · 중앙에듀북스와 자매회사입니다.

도서
주문

www.**japub**.co.kr
전화주문 : 02) 2253 - 4463

중앙경제평론사/중앙생활사/중앙에듀북스에서는 여러분의 소중한 원고를 기다리고 있습니다. 원고 투고는 이메일을
이용해주세요. 최선을 다해 독자들에게 사랑받는 양서로 만들어드리겠습니다. **이메일** | japub@naver.com